U0855830

新手爸妈必备 早教工具书

先懂孩子才会教

轻松化解0~6岁孩子的90个教养难题

薛文英 ◎著

中国妇女出版社

图书在版编目（CIP）数据

先懂孩子才会教：轻松化解0～6岁孩子的90个教养难题 / 薛文英著. -- 北京：中国妇女出版社，2016.2
ISBN 978-7-5127-1213-3

Ⅰ. ①先… Ⅱ. ①薛… Ⅲ. ①早期教育—家庭教育 Ⅳ. ①G78
中国版本图书馆CIP数据核字（2015）第288891号

原著作名：《新手爸妈先懂孩子再懂教：掌握90个教养关键，轻松教出自律、贴心、负责、主动学习的小孩》
原出版社：布克文化

著作权合同登记号　图字：01-2015-8147

先懂孩子才会教——轻松化解0～6岁孩子的90个教养难题

作　　者：薛文英　著
责任编辑：肖玲玲
封面设计：尚世视觉
责任印制：王卫东
出版发行：中国妇女出版社
地　　址：北京东城区史家胡同甲24号　　邮政编码：100010
电　　话：（010）65133160（发行部）　65133161（邮购）
网　　址：www. womenbooks. com. cn
经　　销：各地新华书店
印　　刷：北京通州皇家印刷厂
开　　本：150×230　1/16
印　　张：15.5
字　　数：133千字
版　　次：2016年2月第1版
印　　次：2016年2月第1次
书　　号：ISBN 978-7-5127-1213-3
定　　价：32.00元

原版序

安心、放手，和孩子一起成长

接到出版社邀约为台湾热门的网络社群回答孩子的教养问题时感到万分荣幸，有机缘分享经验是一种难得的福分。平时习惯与年轻的爸爸妈妈面对面讨论，现在只凭文字想让读者“看懂”是项考验。我希望通过分享我工作中接触到的儿童行为实际案例，能让正处于育儿困扰中的爸爸妈妈，在阅读本书之后，愿意尝试以不同的角度看待亲子互动中的问题。

儿童教育的基础，源自孩子成长的家庭。长期以来，由于工作的关系，我在各地与不同文化习惯的父母接触，发现无论以何种方式来倡导儿童发展的重要性、推动科学育儿观念的普及化，个人以为都具有相同的出发点：如果我们能让更多爸爸妈妈对儿童身心发展有基本的认识，就更容易找到协助孩子专心做事的方法。由于每个孩子和家庭成员的互动模式不同，我们仅能为读者提供了解孩子的原则，知道如何在生活中减轻焦虑感。

养儿育女是人生学习过程中一项重要的任务。多数家长以自己的经验来教导孩子，从尝试与错误中学习和修正。然而孩子的成长只有一次，遇到经验不足或情绪纠结时也可能引发家庭纠纷，因为大人容易忽略的是，孩子不论身心发展的成熟度怎样都还在成长，无法按照大人预期而长成计划中的模样。

家庭教育没有一个固定的模式，教养方法更没有绝对的好与坏。同样我也深深体会到——亲子互动是一种相互的沟通和调整。如果爸爸妈妈和孩子的目标与做法一致就能和谐兼容；万一产生冲突，在孩子的控制能力还不够稳定之前，需要调整的对象不是年幼的孩子而是大人，大人要先学习。

由于网络的发达，年轻的爸爸妈妈在养育子女产生困惑时，希望通过网络随时与全世界沟通并及时找到答案。可惜讨论式的片段的简短内容，往往无法满足想要追根究底的爸爸妈妈。因此，在回答本书中常见教养问题时，期待以客观的角度为好奇的读者提供从孩子到大人、从生理到心理等不同角度的思考方向。

孩子需要适时的教育和引导，让他得以知道何时何地必须规范。爱孩子就不能完全失去约束，爸爸妈妈在陪伴的过程中，给孩子适时适龄的支持和具体引导，让孩子顺利地从家庭进入团体学习。同时，在这段成长的过程中，爸爸妈妈必须学会放手，这样才能培养出具有独立人格的成熟个体。

从网络社群中爸爸妈妈们的问题可以看出，现代父母吸收育儿信息的需求非常急切。教与学是一种互动的过程，在此，我更盼望将轻松教养孩子的经验与有志于儿童教育工作的朋友分享。此外，我既期望爸爸妈妈能虚心掏空脑内被制约的观念，也期待大家在网络时代推陈出新时，仍然可以保存中国人优秀的传统教养观念。

愿所有孩子都能在懂得欣赏他的家庭中自信长大；而爱孩子的爸爸妈妈们，也能安心、放手，和孩子一起成长。

薛文英

目录

第1章 众说纷纭，听谁的好？——教养的抉择

第2章 孩子的挑战——解决最头痛的教养难题

第 4 章 让孩子更愿意合作——有效的管教技巧

第 5 章 培养孩子优秀品质——父母要懂的教养关键

第1章

众说纷纭，听谁的好？
——教养的抉择

01

孩子要不要经常抱？常抱会养成依赖习惯吗

这个问题常常发生在新生婴儿家庭或会走路的幼儿家庭，孩子明明已经会走路，但只要逛街就耍赖不肯走，哭闹着要大人抱……

有经验的人常发现，婴儿会发出不同的声音来吸引照顾者注意他的存在。如果仔细观察，我们可以通过声音、表情和动作来判断，宝宝是肚子饿了，还是身体不舒服，或只是需要有人互动一起玩。当他们学会用哭来得到大人的反馈时，确实会强化这样的行为。若长期溺爱则容易让孩子产生过度依赖，缺乏耐挫力；但是爸爸妈妈真心的拥抱和积极的情感支持是必要的。

适当的抚触和拥抱可以让宝宝情绪稳定下来，对生长发育有实质上的好处，所以，爸爸妈妈请每天给宝宝一个大大的拥抱吧！当宝宝可以走路、跑跳时，他自然就不喜欢一直被抱着限制行动了。

不抱就吵闹，怎么办

“走不动了，爸爸抱……”若孩子已经会走路，但不喜欢运动，就不适合抱着他走路了，应该让他多走路。

爸爸妈妈和年幼的孩子相处，也不一定都要用讲道理的方式沟通，因为当孩子情绪处于不稳定状态时，脑子能听懂并吸收的话其实十分有限。请爸爸妈妈学习保持冷静，不要受孩子的吵闹影响，而让自己也跟着急躁不安，要试着转移孩子的注意力。例如，在孩子不想走路时，突然把双手搭在孩子的肩膀上说：“我们变成小火车一起向前走吧！”突如其来的点子可能让孩子产生好奇心从而轻易就配合了。通常年纪小的孩子是很容易被引导的，只要大人也能够充满想象力。

孩子需要有散步、跑步的锻炼，可是孩子的体力跟不上爸爸妈妈，所以爸爸妈妈在安排户外活动时要适当休息。爸爸妈妈可以耐心引导孩子发现另一个好玩的地方，每次的距离由近到远，慢慢延长运动的时间。千万别用强迫的方式要求孩子像行军一样。若没有好玩的目标，只是跟着大人一直走，孩子就会用各种理由说不好玩，甚至索性失去控制而当街哭闹起来。

02

孩子不好好吃饭，要不要果断收掉餐具

“为什么孩子不好好吃饭呢？”请试着先弄明白：

◇是不是孩子不喜欢吃米饭？

◇如果改吃别的东西也会不喜欢吗？

◇吃饭经常很慢吗？

◇是不是边吃边玩或边看电视边吃饭呢？

◇间隔多长时间进餐一次？

◇孩子从小食量就不大吗？大约从什么时候开始不爱吃饭？

◇饭前吃过点心吗？

仔细想想，爸爸妈妈就能发现孩子吃饭太慢的原因。孩子练习自己吃饭也需要专心的，首先我们要去除可能造成孩

子边吃边玩的外在因素。通常来说，孩子能乖乖坐好吃饭的时间不会超过40分钟，在这段吃饭的时间内，千万别让孩子吃东西时手上还玩着玩具，更不能让孩子养成不动手只是张着嘴巴吃的习惯。

10个月大的孩子就能够模仿大人，可以练习自己坐着吃东西。若孩子已满周岁，全家人不妨在餐桌前固定位置坐下来专心吃饭，让孩子跟着模仿。孩子从小的饮食习惯和家庭习惯有关系，爸爸妈妈在吃饭时做出津津有味的样子能引起孩子也想尝试的好奇；如果大人对某种食物流露出抗拒的表情，也会让孩子对眼前的食物产生不安全感。如果孩子每次花40分钟还吃不完饭，那么很可能准备的分量太多了，孩子确实吃不下；也可能因为孩子咀嚼进食的能力不够好，或者有挑食偏食的情况。这就需要爸爸妈妈耐心观察，才能找到改善的方法。吃饭要保持愉快的情绪，否则吃再多也没用，会导致消化不良。我们为孩子准备的食物以营养均衡为原则，不要强迫食量小的孩子必须吃一大碗白米饭。

通常，孩子在大量活动后就会有饥饿感，若孩子吃饭时间总会拖很长，就要避免在正餐之间提供饼干或甜点之类的零食。此外，长时间把食物含在口中会造成孩子蛀牙的风险，最好养成饭后刷牙的好习惯。

03

到底要不要和孩子讲道理

爸爸妈妈要及早教导孩子分辨是非，但是跟孩子讲道理就要看年纪了。孩子在满一岁前后就具备分辨“要”或“不要”的能力，大人经常说的“对”或“不对”“好”或“不好”这种话比较容易理解。所以我们若想教导孩子建立生活常规，大约在孩子学走路时期就可以开始。讲道理要在孩子能够听懂“为什么”才开始，否则说太长的大道理孩子其实是一知半解的。孩子的理解能力需要随经验积累，通常，他们只有对于发生在自己身上的事情才能够理解，所以大约要在两岁半会讲完整句子之后，才能稍微听懂一些大人讲述的较长的事情。

由孩子的语言发展能力来看，太早和孩子讲大道理其实作用不大。因为即便孩子知道什么事情不可以做，发育中的大脑仍然不能控制住好奇和冲动的本性。很多爸爸妈妈都有相同的经验：某天发现孩子独自在浴室玩水，弄得满地泡泡，被爸爸妈妈发现后还没等爸爸妈妈批评，孩子就知道自己又闯祸而先大哭起来。

家有0~6岁的孩子，确实非常考验爸爸妈妈的耐心。我们必须一次又一次地告诉孩子什么才是好的行为。如果遇到状况就教训个不停，估计超过3分钟后，孩子会呈现迷茫的状况，因为他们无法完全吸收，光从大人说话的声音和表情来判断就吓呆了。这时候孩子有可能误解为："妈妈就是爱生气！""爸爸不喜欢我！"如此一来，反而导致孩子形成其他认知的错误。

针对孩子性别选择讲道理的方式

如果要跟孩子讲道理，应针对孩子性别选择不同方式。研究发现，针对女孩要用讲故事的方式，而男孩则需要给予明确指示。男孩和女孩的语言理解能力的发育成熟时间不同，小女孩较早可以和大人进行主题性的聊天；某些语言能力好的孩子特别爱发问。但是多数小男孩常常无法完全听懂大人所讲的复杂句子，和大人之间的问答也比较简短，所以和小男孩讲长篇道理的效果，可能会令妈妈失望。

您还会为孩子总是不听话而生气吗？请不必跟孩子讲长篇大道理，给孩子明确的口语指令就足够了，因为孩子的专注力是很有限的。

04

孩子吸吮手指要不要戒掉

5~10个月的孩子会吸吮手指是成长中必经的过程，这时，爸爸妈妈不必千方百计让其戒掉这个动作，因为无论想用什么办法戒掉也都属多此一举。因为孩子不只爱吸吮手指，而且还爱吮吸脚趾呢！从婴幼儿发展的过程来看，吸吮手指的动作一点儿也不奇怪。吸吮手指是孩子自我安抚的过程，正常情况下，孩子不会咬伤自己，况且婴儿是通过口腔和触觉学习的，当孩子发现原来可以动手拿取硬东西敲打出声音会更好玩，吸吮手指的兴趣就大大降低了。

照顾者唯一要做的事情是让孩子手指或任何可以放进口中的物品保持清洁卫生。若妈妈还是担心吸吮手指不干净，可准备固齿器或婴儿玩具来转移孩子的注意力。否则，即使把孩子的手拿下来，只要大人不注意他又会很快再把小手放进嘴里。有些大一点儿的孩子在进入新的环境或情绪紧张时，也会出现吮吸手指的动作，这多半是情绪压力引起的不自觉反射动作，大部分的孩子在放轻松适应之后，就会把手放下来。所以当爸爸妈妈发现孩子在某段时间又经常出现吸吮手指或咬指甲的情况时，请暂时不要严厉纠正孩子的动作，以免增加孩子的心理压力。

可以先观察孩子，看他在什么情况下吸吮手指的动作会特别频繁，然后再慢慢找到引导他调整情绪的方法。只要让孩子常常充满活力，玩游戏的时间完全热情投入，静下来学习的时间也能够充满好奇和挑战动机，孩子不自觉吸吮手指的动作便会自然消失。

总之，当爸爸妈妈发现孩子有吸吮手指或把玩手指头的动作时，不要强迫孩子马上戒掉。

我们必须先依照孩子的年龄并综合客观的因素来理解孩子的动作。吸吮手指若发生在婴儿时期是正常的行为；若已经一两年都没有吸吮手指，突然在某段时期又出现这类举动时，就要从孩子的心理和外在环境是否发生改变等综合因素加以分析。唯有帮助孩子学会调整紧张的情绪，才是帮助孩子改掉不雅小动作的根本之道。

05

遇到长辈不想问候，要不要强迫孩子改

“不想问候”和“不好意思问候”这两者是不同的。我们都希望教出热情而有礼貌的孩子，孩子也会希望得到大人的赞美，所以不开口向长辈问候的孩子一定有特别的原因，才会不想配合而故意做相反的事。

很多教了很久还是不会主动跟人打招呼的孩子，并不是故意要让爸爸妈妈为难的，他们内心很想做到大人期望的大方表现，但对他们而言，和不熟悉的人说话真的很困难。敏感型的孩子在陌生人面前或人多的时候特别容易紧张，这是因为人体的感觉神经系统遇到压力时，会让人心跳加速、脸红、呼吸也不平稳……试想当孩子处于这种生理状态时，怎

能平静地和大人对答如流呢?

如果孩子属于害羞型，在公开场合或陌生环境比较害羞，爸爸妈妈要多让他们去接触不同的人，即便孩子只能躲在妈妈身旁静静地看，当他通过观察发现安全后就会主动靠近新奇好玩的地方。若我们强迫这样的孩子必须和别人一样迅速适应，反而会让孩子更退缩。所以这种状况就不适合再强迫，爸爸妈妈可以让孩子知道“眼睛看着对方点头微笑”也是打招呼的方式之一。要求孩子万一真的很不好意思说话，至少努力做到经常微笑点头，不可以面无表情不理会别人。

制造机会让不说话的孩子展现自己

我们可以鼓励比较害羞的孩子为别人服务，例如，从两三岁起，就让孩子每天给爷爷、奶奶和爸爸、妈妈倒杯水，看到大人提东西时主动上前帮忙……通常不爱说话的孩子也希望获得大人的赞美，只是他们太安静，在团体中容易被别人所忽略。如果爸爸妈妈能制造机会让不说话的孩子展现自己，孩子就会懂得主动关心家人和朋友。在他人尚未开口请求帮助时，孩子也可以用体贴的行动获得好人缘。

06

孩子不愿去上幼儿园，妈妈可不可以在家自己教

明智的爸爸妈妈不会只因孩子说不想上幼儿园，就真的同意孩子不去上幼儿园。因为当孩子慢慢长大，要学习从家庭进入团体生活。虽然在幼儿园阶段的学习没有太深奥的课程内容，或许妈妈在家中自己教也行，但请不要长期保持一对一的指导，因为孩子需要结交朋友，在家妈妈照顾得再认真、再细心，也无法完全取代孩子和同伴吵吵闹闹所得到的人际互动经验。

上幼儿园的意义

觉得接送孩子浪费时间的妈妈说：“幼儿园的活动大部

分都是玩，我看老师也没教什么，在家自己教不是既省钱又方便吗？”让孩子天天去幼儿园有项重要的意义，就是要让孩子学习适应和更多同龄的孩子互动。在家是所有大人配合一个孩子，在幼儿园就不同，孩子在与小朋友的互动中学会等待、学会分享和遵守游戏规则等，而这些也都是为了上小学而做的准备。

上幼儿园是成长过程中很重要的环节，唱游、简单的常识和自理能力都可以在家教导，但是孩子要有一段脱离“被帮助”的适应期，这是许多独生子女最缺乏的经验。

孩子不想去幼儿园怎么办

大人和孩子对于改变生活习惯都需要一段时间来适应，其实早上起床不想上班或上学也是很自然会产生的念头。

如果孩子在某段时间里对上学产生强烈排斥，爸爸妈妈就要和老师充分沟通，一起找出孩子不再想进幼儿园的原因；千万别用恐吓或开玩笑地跟小朋友说如果不听话就叫老师罚站之类的话，否则很可能让孩子对学习产生负面的印象。

如果希望孩子开心上学就要营造气氛，请用乐观的态度引导孩子去发现学校有什么好玩的事情。如果每晚睡觉前都跟孩子说：“明天又要找老师玩什么呢？好期待哦！”孩子真的会每天起床开心地走进幼儿园。

07

上幼儿园要不要选名校

孩子进入幼儿园会给家庭带来一段时间的变化，也会带来或多或少的小波折，因此不管是大人还是孩子都需要调适的时间。每个家庭的状况不同，在选择幼儿园时必须依照不同的情况来思考，原则上爸爸妈妈要做好沟通，而不需要和别的家庭比较，也不必要硬挤进价格昂贵的贵族园，通常正规的公立幼儿园就可以，找到符合孩子需要的环境才是上策。

爸爸妈妈首先可以预期到孩子上学之后，家庭成员的生活作息时间会有很大的改变，至少每天早晨为了打理孩子出门就必须早早起床准备；而孩子本身也需要做好准备，包括孩子对新环境的适应能力怎么样、与同龄小朋友相处是否融洽、生活自理能力够不够等，这些都是选择幼儿园之前，爸爸妈妈必须考虑的问题。

考虑交通与接送是否方便

每天接送孩子上学要持续很长的时间，上幼儿园是否方便必须优先考虑，孩子的体力无法承受每天早起搭车很久，也不能冲动地选择离家太远的名校。

增强孩子的自理能力

孩子在进入幼儿园后就没有家人可以随时照顾，必须学会自己穿脱鞋子，学会自己吃饭、上厕所，可以听从老师的指令配合动作等；如果孩子在家习惯被大人照顾而缺乏自己练习的机会，一旦进入幼儿园就会造成很多困扰。通常每个班级内如果老师负责照顾的学生人数越多，孩子就越需要具备良好的独立性。所以爸爸妈妈必须依照孩子的发展能力强弱来评估，客观想一想孩子是适合进入公立幼儿园，还是另外选择私立幼儿园。

每个孩子对新环境的适应时间不同，多数孩子需要一周到一个月时间才能习惯每天早晨和爸爸妈妈分开。若能让孩子提前了解幼儿园，有机会参观一下，看到小朋友们上课时有趣的情景，并且对老师留下亲切的印象，孩子也会期待自己可以像大孩子一样去幼儿园上学。总之，如果我们能够让孩子对上幼儿园这件事充满期待，将来孩子就能很快适应，爸爸妈妈也就不必为选择幼儿园而焦虑。

08

孩子什么时候适合学写字？早点教还是晚点教

对孩子来说，写字和画画其实是相似的游戏，他们拿笔涂鸦发现自己画出一条直线时会惊讶地说：“妈妈快来看！我会写字了，你看好厉害吧？”当一个自信的孩子想模仿大人时，我们可以发现其实不必教导，也不必强迫，时间一到就自己学会写了。

孩子可以提前握笔写字吗

有些妈妈问：“孩子太早握笔不是对骨骼发育不好吗？”

确实，过早强迫孩子练习写字并不恰当。可是当一个孩子手指操控工具的精细动作发展良好，自然就会想拿笔涂鸦模仿写字，好奇心一旦启动是很难停下来的，孩子只要能拿到笔或颜料就会先找地方乱涂。这时父母可以准备报纸或大张的白纸让他们练习，市面上有专为幼儿设计的磁性写字板，能够满足宝宝拿笔涂鸦的欲望，也有人在家中特别开放一面墙，让孩子在规定的范围内可以自由挥笔，令人不得不佩服，真是懂孩子的好父母！

当孩子慢慢发现自己所画出的线条很像什么之后，他就会花更多时间来练习。

涂鸦画画也是孩子表达情绪的方法之一，所以不需要禁止孩子拿笔，而是给孩子准备一套可以坐下来画画的小桌椅，让孩子坐姿端正地专心练习。

什么时候适合学写字

孩子什么时候适合学写字呢？这要视儿童动作发展的程度而定，没有最低年龄的限制，而是当孩子自己想学就可以教，即使模仿得不像也没关系。少数视觉观察力较好、对文字有兴趣的孩子在不到3岁时，就会主动跟爸爸妈妈要求想学写字；不过大多数孩子会在幼儿园中班的年龄才会感兴趣。

孩子的涂鸦游戏一开始都是练习控制手指的好玩的活动，当爸爸妈妈发现孩子画出很像字的图案，可以适时赞美一下，孩子受到重视之后会更加喜欢画画。

通常只要孩子对文字和语言产生视觉印象就已经开始学习识字了；可是认字和动手写字的能力不一定同时期具备，所以爸爸妈妈也不需要特别心急。练习写字之前，必须先具备较好的手眼协调能力，也要能够维持身体姿势的稳定，否则孩子容易因为做不到而觉得画画或写字很不好玩。

09

孩子快乐就好不是吗？要不要给孩子压力

许多妈妈说：“我希望孩子快乐就好，不想给孩子压力。”有这种想法的家长要小心，过度的放任容易造成不良影响，因为孩子需要适时引导。

婴幼儿的大脑就像一部超级计算机，即便出厂时具有完备的硬件，也要安装好用的软件才能发挥实用的效能。所以孩子在不同的年龄就需要不同程度的教导，当孩子具备基本能力时就会产生内心的成就感，当孩子知道自己有能力解决问题时才会有充足的自信心，如此一来，就不会在学习遇到困难时轻言放弃。

“快乐”是一种情绪状态。保持愉快的情绪是好的，但不要放任孩子的行为，顺着孩子每天想做什么就做什么，不要误以为这样就是尽责的好父母。无论大人为孩子提供多少物质享受，孩子还是不会持续快乐的感觉，因为人不可能一直保持在只有快乐的情绪当中，有“缺乏感”才更能体会好不容易得到的“满足感”。

人们遇到适当的压力之后，会产生舒服放松和更大的快乐。如果爸爸妈妈把这一原理放到教导孩子的过程中也是适用的。但如何在教导和管束之间收放自如呢？每个家庭的状况不同，不必和别家情况比较谁好谁坏。在亲子相处时，爸爸妈妈要更有弹性地依情况而调整。

曾有国外专家研究过父母教养类型对子女长大后发展的影响，他们将父母教养子女的态度分为放任型、开明型、专制型三种。完全采取放任型教养的父母因为过分溺爱，让孩子产生没有目标感的无力状态，这些孩子不知道自己要什么。专制型的父母将自己的想法强加于孩子，让孩子照着大人的规划行事，反而容易造成孩子的反抗或消极抵制行为。

在教养子女时，父母容易把个人的成长经验套用在孩子身上。一些经历千辛万苦才成功的父母不希望孩子和自己一样辛苦，很容易就会有“让孩子快乐就好”的想法，这是基于爱孩子的心理。但适当压力能让孩子变得坚强和勇敢，因此培养孩子的耐挫能力也不能少。

10

要不要提前教孩子小学的知识内容

婴幼儿的学习早在他的眼睛能看见、耳朵能听见时就通过观察和模仿开始了。一个健康孩子在充满新奇的环境中就可以自己学到大人无法想象的能力。反之，如果孩子生长在完全没有文化刺激、信息缺乏的环境，而且又没有机会得到良好的互动引导，即便与前者年龄相同，其生活的基本常识也会比较缺乏。

学校教室中的孩子来自不同的成长背景，老师上课所教的内容对没听过的孩子而言，他们会觉得很新鲜，听过的孩子会因感到熟悉而产生自信，有时也难免有孩子会因为觉得太简单而失去好奇心。但这一点无须过度担心，因为听过不代表真正理解，看过也不代表可以记住，真正学到心领神会才能够举一反三，所以任何学习的过程中都需要反复练习，并不是只学一次就够。

孩子对于特别感兴趣的故事总是百听不厌，如果他出现不专心的样子，也并不单纯是因为曾经学过而造成的。我们必须弄清楚孩子为何对大人教授的内容失去耐心，而非直接斥责孩子的不专心。

引起孩子上课不专心的原因很多，常见的有缺乏运动而坐姿不良，上课时看起来东倒西歪，也会让大人误以为学习态度不佳。通常学习能力强的孩子更不爱重复枯燥单调的学习，对这类学习效率高的孩子只要举出不同的例子或改变教法，就能让其重新集中注意力。

鼓励领悟力较强的孩子当小老师，能增加他们参与团体活动的动机。因为自己能懂是一回事，但是要把自己学会的事情解释给同学听并让他们听懂，就会是一项很有难度的挑战。

能够拥有良好学习特质的孩子实属难得，爸爸妈妈要鼓励这一类型的孩子学习关心和帮助同学，一个愿意协助弱者而不傲慢的孩子，长大之后人缘会更好，这也会是孩子终身保值的资产。

只有具有丰富的背景知识，才能有举一反三的创造力。少数有天分的孩子不必刻意教导，只要平时多看、多听就自然可以学会了；但也有孩子需要大人适时的指导和耐心示范才能体会。总之，要先搞清楚孩子是否需要协助，大部分孩子无法在朝夕之间学会新事物，针对年龄特点的适当的指导对孩子来说是必要的。

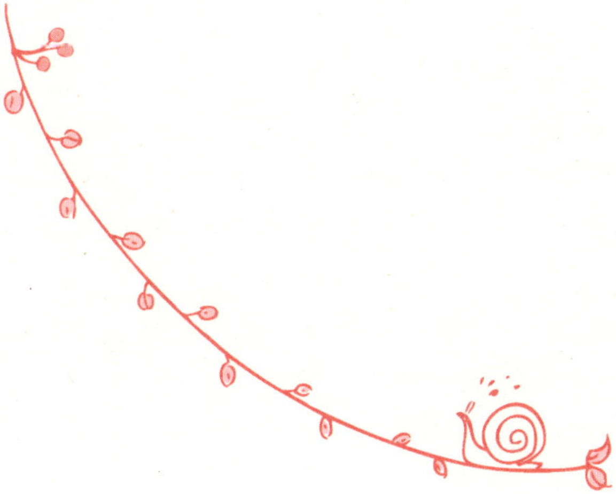

第2章

孩子的挑战
——解决最头痛的教养难题

11

1岁多的孩子不让大人喂食，要顺着孩子的心意吗

婴儿在能够独自坐稳之前，就能用手抓取奶嘴放进嘴里了，这一现象一般出现在5~6个月时，所以说其实孩子很早就有自己拿东西吃的本能。如果孩子上幼儿园还不能自己吃饭，多半也只是练习的经验不足，而不是孩子本身不能做好。现今中国人依然受到传统育婴观念的影响，认为照顾者要动手喂孩子才算照顾细心，唯有大人动手喂，孩子才能吃饱，而且不会浪费。

孩子每天拿汤匙或筷子吃东西是很好的手部动作训练，一个动手能力比较强的孩子将来画图、写字、手工、弹琴的

动作学起来自然得心应手。相反，如果孩子连筷子都拿不好，上小学之后写功课会经常喊手酸那也不奇怪了。

“孩子连汤匙也拿不好，能任由孩子自己吃而把餐桌弄得乱七八糟吗？顺着孩子心意不会导致他变得任性吗？”这个问题可以从两方面来解答：

加强精细动作

通常爸爸妈妈不让孩子拿汤匙自己吃，是因为担心孩子将食物撒得满地都是。这种情况，爸爸妈妈应该多训练孩子的精细动作。在1岁时可以把拿汤匙的动作变成每天的游戏。请给孩子准备两个容器、大汤勺、5~10块大积木。由妈妈先示范拿着汤勺把装在盒子内的积木捞起来，再放进另一个容器中，重复示范两次，接着把汤勺交给孩子自己玩。无论男孩还是女孩都喜欢这种类似过家家的游戏，经过一段时间的重复练习，孩子吃饭时拿汤匙或筷子的动作就会更熟练。

了解心智发展过程

满1周岁后，孩子开始发展自我意识，即便还不会讲话也懂得用摇头或手势表示“不要”或“我要……”当发现孩子才一两岁就不想要大人喂时，我们要明白这是很正常的，代表孩子的大脑发展已经更成熟，而且有想学习的强烈欲望。这时候爸爸妈妈就该把握孩子最想学习的黄金期，给他们充分练习的机会。

让孩子学习独立绝不是从此放任不管，在孩子练习吃饭这件事情上，请按照孩子的理解程度教给他更多餐桌礼仪。要不断耐心地告诉孩子："好宝宝要自己吃饭，不可以用手玩食物，要把食物吃光，不能浪费。"

12

2岁孩子吵着非要用大人餐具，可以让他用吗

孩子在2岁前后就开始发展自我意识，如果孩子特别强烈地想要自己动手，从心智发展的角度而言是很好的现象，因为这意味着孩子脑子越来越聪明，才会出现学习的动机、接着想要展开主动积极的探索。这时的孩子身体协调能力和手指控制能力依然还不够成熟，拿东西的技巧也无法像大人一样稳定，所以才让爸爸妈妈担心。

为什么孩子想用大人餐具

孩子舍弃专用的儿童餐具，一直吵着要用大人的餐具，请不要将这一行为误解成孩子故意找麻烦。孩子因为触觉和视觉发展有了进步，才有能力清楚分辨出塑料碗和瓷碗是不

一样的，况且幼儿拥有与生俱来的模仿学习的能力，连汤匙都用不好的孩子很想和大人一样也不足为奇。

让孩子练习自己拿汤匙或筷子进餐是必要的，妈妈因为害怕孩子会损坏餐厅内的瓷碗，看孩子自己吃饭时会提心吊胆。平常在家若能有充分的准备和练习，带孩子外出吃饭就是很好的生活体验，不见得所有孩子都会在吃饭时吵闹，能安静坐下来耐心用餐的孩子也很多。总结下来，能否拿好餐具进食和练习时间的长短有关，并非与孩子的年龄成正比。

孩子在公开场合吵闹常令爸爸妈妈感到头疼万分，面对这种情况，最好的方法是设法先转移孩子的注意力。2岁孩子的语言能力快速进步，会开始有自己的想法。若孩子还无法用完整的句子来表达自己的意思，和孩子沟通就要用引导的方式。孩子虽然能分辨好坏，可是还没办法控制住情绪反应，而且有时一哭就停不下来；当孩子吵着想要又不能满足他时，诱导孩子转移目标才能化解吵闹不休的情况。

如果孩子想使用大人的瓷碗，但爸爸妈妈又担心瓷碗损坏时，可为孩子准备自己专用的餐具，开始让孩子保管自己的东西，并建立初步的概念和归属感，能够记住“这是我的”“这是妈妈的”，未满3岁的孩子还不太能理解爸爸妈妈讲道理，只需要给孩子明确的指令就可以了。

13

孩子吃饭坐不住、吃饭时间拖太久，怎样才能改掉

严格来说，孩子吃饭坐不住和时间拖太久是两件事，分开讨论才能针对不同的状况设法改善。

孩子吃饭坐不住的原因

若孩子有吃饭坐不住的情况，首先判断孩子是否还不饿。饥饿就想吃东西是人类生存最基本的生理需求，婴儿都有求生的本能，没有任何诱惑或好玩的事情比饥饿的问题更重要了。学会走路之后的孩子也无法忍受肚子饿，如果吃饭时总是坐不住而四处走动，基本上可以判定孩子还没有达到饥饿的状态。如果想要孩子与家人一起吃晚餐就要特别调整

孩子的进食时间，不要在用餐前2小时吃点心，这样才能让孩子在吃饭时间能专心坐好吃饭。

现代人生活条件优越，基本上大人都希望孩子能再多吃一点，但孩子感觉不饿了就想离开餐桌，也是很正常的事情。只是年纪小的孩子没有等待的能力，爸爸妈妈要教导孩子必须等大家都吃饱才离开餐桌，即便在家吃饭也该让孩子学习基本的餐桌礼仪。

有些爸爸妈妈会问："孩子必须吃完定量的米饭吗？"爸爸妈妈给孩子的定量有时相对孩子来说太多了，有时是因为孩子不爱吃米饭。如果不爱吃米饭选择吃其他主食是可以的，照顾者要让孩子获得均衡的营养，不可挑食或偏食。每个孩子的食量大小与生活习惯有关，举例来说，有些家庭日常饮食的种类变化很多，而有些人就非要吃米饭才有饱足感。如果孩子的食量不大，但每天活动力十足、精神和体力都很好也就足够了，爸爸妈妈不必强迫孩子每餐都必须吃完一碗白米饭才罢休。

最佳的吃饭时间：30～40分钟

吃饭时间拖太久的原因除了孩子不饿之外，还可能是牙齿咬合或吞咽能力不佳造成的，或者有挑食或偏食的习惯。咬食、吞咽的能力与练习有很大关系，常吃太软的食物缺乏咀嚼练习，所以在孩子长牙之后，就要学习和大人吃一样的食物。

如果没有从小培养孩子良好的用餐习惯，不管孩子多大了，照顾者仍然习惯端着碗跟在孩子身后，玩一会儿喂一口，吃饭时间拖太久就不能全算是孩子的问题了。吃饭时间通常以30~40分钟为最佳，若长时间让孩子含着食物玩游戏，将增加乳牙发生蛀牙的概率，牙齿不健康吃东西也不舒服，于是形成不良进食习惯的恶性循环。

想改掉孩子吃饭拖拉的习惯必须控制用餐时间：到了午餐时间如果孩子不吃就收起来，直到晚餐前都不要给点心，等到孩子真有饥饿感，就不会再发生拖拖拉拉不认真吃饭的情况。

14

孩子偏食、挑食，该怎么办

尽管每个人的味蕾对酸、甜、苦、辣的接受程度都不一样，但多数人的饮食习惯深受成长经验的影响，我们对某种食物的喜好和过往留下的感觉经验是分不开的。

造成偏食或挑食的原因很多，预防之道是从小就让孩子吃各种不同口味的食物，而且大人也不要在孩子吃东西时流露自己的喜好或厌恶之情。很多大人看到自己不喜欢的食物会露出厌恶的表情或大喊：“好恶心！”这时孩子还未尝试把食物送进嘴里，就产生了不安全感，大大降低了想吃的欲望。如果我们不希望孩子偏食或挑食，至少要在孩子面前减少挑剔抱怨的次数。

大部分婴儿并不会特别排斥大人准备的食物。在出生后的第一年，孩子不宜吃调味太重的食物，大约在出生满5个月后就可以提供辅食，让孩子慢慢习惯接受不同味道的食物。

有些妈妈以为儿童专用奶粉或营养食品比吃饭重要，但事实上让孩子习惯天然食材比较好，食品中若添加过多的化学调味料会增加身体的负担。

事实上，三餐均衡的饮食就能让孩子获得成长所需要的各种营养。千万不要放任孩子吃少数方便的食物，然后再来补充价格昂贵的化学营养补充品。

如果孩子已经四五岁，要改变挑食或偏食的习惯更需要费神。讲述营养理论很难引起孩子想吃的兴趣；如果强迫孩子吃则会让孩子产生负向的感受，而且硬吞下去的食物也难以获得完整的吸收。所以调整偏食或挑食问题，千万不能强迫孩子吃，而是要吸引孩子自己主动想吃。

爸爸妈妈要善用孩子充满想象力的特质，用些巧思设法变换食物呈现的模样，让食物变可爱能吸引孩子好奇心，有时候也可以使用不同的容器、改变食物烹调方式，讲述和食物有关的故事等。总之，无论吃饭还是学习都要在心情舒畅的情况下才能获得良好的效果，营造出欢乐的用餐情境，就能让人胃口大开，爸爸妈妈请切记不要在吃饭时间生气。

15

孩子想吃什么父母就给吃什么吗

“孩子喜欢吃如果不给，就觉得不忍心呀！”许多大人容易陷入矛盾的心理，误认为给孩子想要的才是爱的表现。由于孩子能理解的事情和学习经验都不够，所以照顾者必须做好把关的任务，我们必须引导孩子认识食物，知道如何选择健康的食物，才能保持身体健康。

每次见到体重偏高、运动容易喊累的孩子，我总要问老师这孩子食量如何，并跟老师说必须控制他的点心和正餐的质量，更不许给他吃零食。老师说：“白天会注意，可是晚上回家吃了什么很难管，奶奶和妈妈不控制怎么办呢？”改变大人习惯的口味不容易，不过为了孩子健康和学习好，孩子吃什么就要注意了！

家有宝贝最常发生的饮食争议

◇宝宝不吃没味道的东西，太淡没味道不容易下饭。（Yes / No）

◇只喝饮料而不喝水，买箱饮料回家可随时取用更方便。（Yes / No）

◇孩子不吃固体食物，只吃软不吃硬。（Yes / No）

◇孩子想吃什么就吃什么，开心就好，喜欢吃就多吃点。（Yes / No）

◇三餐吃饭时间不定，用营养保健品补充维生素。（Yes / No）

以上五题，正确想法应该都是——No。

爸爸妈妈不小心给错爱了吗？放轻松，一切还来得及调整过来，今天就开始改吧！

小贴士

1.孩子不能吃重口味，人工调味料要适量。

2.无论大人或孩子，最好的饮料就是白开水。

3.咬合能力和学说话的控制能力是有关联的，不能只吃流质食物。

4.孩子不必禁食或减肥，三餐要定时定量，不可偏食或挑食。

5.再昂贵的人工营养品都无法取代最天然的食物。

16

孩子不愿让父母牵着走，如果乱跑怎么办

自1岁多开始，孩子的身体协调能力会快速进步，能够小跑步、只需大人牵着单手就可以上下楼梯、喜欢走斜坡……如果孩子的协调控制能力还不够稳定，难免会跌倒，也常发生在行进间来不及停下而撞到人的情况。动和停的转换过程必须经过反复练习，若大人常常抱着孩子或让孩子久坐在婴儿车里，孩子的腿部力量就无法得到足够锻炼。我们看到一些缺乏运动的孩子，虽然长得比班上其他小朋友更高大，但肌肉的耐力和身体平衡感却不太好。

孩子能看到的世界会因为站起来自如行动而变得丰富有趣，所以他们自然就不喜欢行动被限制。当我们懂得孩子为

什么想要自己走，就会为他长大而感到欣慰。孩子喜欢自己走比起总吵着大人抱让我们更轻松，我们只要教会孩子如何注意安全、绝对不能在马路上快跑就行了。

喜爱刺激的背后原因

每个孩子对速度、高度变化的接受程度不同，有的孩子会怕高，但也有的孩子在荡秋千时会一直喊“再高一点儿”。爸爸妈妈可能会以孩子比较胆小或勇敢解释这两种不同的情况，事实上，每个人的感觉神经系统对外来刺激感受都不同，也会因为大脑对危险信号解释不同而产生很大的差异。

位于内耳的前庭系统是维持身体平衡重要的感觉接收器，前庭系统对高度、速度、位置移动的感觉如果太敏感或是感觉反应不足，就造成孩子在参与游戏活动时的表现和正常的小朋友不一样。感觉不到速度和高度危险的孩子会经常动个不停，他们需要比其他孩子更强烈的刺激才能满足，从很小起就走路比较快，也常有横冲直撞的情况发生。

学习判断安全性

如果孩子有以上情况，改善的方式要从内到外一起调整。因为孩子本身需要大量而且足够的位移体验，可以让孩子多练习有目标性的往返跑、跳跃等活动。

此外，要加强孩子对外在环境的认识，在平时散步时引导孩子仔细观察路上各种车的行驶方向、学习辨认红绿灯，给孩子解说道路安全的常识。2岁左右可用简单的指令来指导孩子怎么做才是正确的，让孩子知道过马路遵守红灯停、绿灯行的规定，看到两旁都没有车时才可以走过去。

17

为什么孩子不肯乖乖坐婴儿车

婴儿车，是为了方便爸爸妈妈带孩子出门而设计的，但正确做法是当孩子能独自走路之后，就要减少对婴儿车的依赖，这样孩子才能有足够机会锻炼腿部的力量。

为什么孩子不肯乖乖坐婴儿车呢？关于这个问题，我们必须先确定孩子实际年龄有多大，对于以下两个阶段的孩子，爸爸妈妈的处理方式应有所不同：

◇孩子还不会走路，但经常坐不住想爬出婴儿车让大人抱着。

◇孩子已经超过1岁半了，自己会走也能跑，但大人总觉得推着车子比较安全而要求孩子乖乖坐好。

如果是还不会走路的孩子，不喜欢安静地坐在婴儿车上，有可能是同一姿势坐得太久身体不舒服，也可能是肚子饿了或者是看到新奇的东西想要离开座位的限制。如果大人逛街或聊天而忘了时间，让孩子待在婴儿车内的时间太长，孩子烦躁不安也是难免的。每天让小宝宝坐婴儿车外出散步是一项很好的活动，但要注意时间和距离的控制，散步时可以引导宝宝观察周围环境有什么特别的东西，按固定的路线去公园或跟邻居打招呼，宝宝发现熟悉的人或事物会很开心。适当的户外活动对婴幼儿具有稳定情绪的作用。

多大的孩子才需要婴儿车

我们到处可以见到爸爸妈妈推着婴儿车逛街购物的情景，车内坐的孩子看起来有两三岁了，吵着想要下来玩，可是爸爸妈妈不许孩子下车自己走，孩子显得烦躁，妈妈也很生气："好好坐着不是更舒服吗？吵什么呢？"

对于一个拥有行走能力的幼儿来说，被迫像小宝宝一样乖乖坐在婴儿车内是件无聊的事，若能自己起来走应该会更好玩吧？拥有强烈的好奇心，想要动手触摸是2~3岁孩子的特点。如果爸爸妈妈能理解孩子现在需要什么，就不会以自己的想法育儿，也就不会一直给孩子不想要的而爸爸妈妈自认为最好的照顾方式吧。

18

孩子玩到半夜不睡觉怎么办

照顾幼儿首先要关注3个重点：均衡营养、充分运动及充足睡眠。正常的情况下孩子的体力比不上成年人，经过一整天的游戏和运动会消耗体力，就很容易入睡而不会失眠的。如果孩子总是玩到半夜不睡觉，多半是家里还未营造出睡觉时间到的气氛，也可能是白天睡觉时间过长，或者是没有让孩子从小就养成定时上床睡觉的生活习惯。

其实爸爸妈妈帮助孩子建立起规律的生活作息，不仅能让照顾孩子的任务变得更轻松，最大的好处是有助于孩子的生长发育。因为生长激素受脑下垂体产生的生长激素调节，也受到性别、年龄和昼夜规律的影响，在睡眠状态下生长激素分泌会增加，其分泌量在晚上11点至凌晨2点最多。如果孩子长期日夜颠倒，打乱正常的大脑运作节奏，将会影响生长发育，所以孩子实在是不适合熬夜的。

通常，人在晚上的睡眠中不是一直处在熟睡状态的，睡觉前后会经过入睡阶段、浅睡阶段、深睡阶段和持续深睡阶段。孩子在入睡阶段开始呈现两眼无神、肌肉放松的状态，这时候如果受到灯光或声音刺激就会重新启动兴奋的神经，如此一来又得要重新调整一次精神状态才能再次入睡了。

如何让孩子养成定时睡觉的习惯

建议爸爸妈妈在每晚固定时间，最好能暂时放下手上的工作和还没做完的家务，可以花15分钟陪孩子做睡觉前的准备，包括检查孩子是否刷牙，给孩子讲睡前故事或陪孩子聊天，设法让孩子的情绪稳定下来，然后关掉房间的电灯让孩子安静地躺到床上睡觉。

如果孩子还没养成固定的睡觉习惯，爸爸妈妈最好也能耐心等待孩子熟睡后再继续忙，请不要光叫孩子自己去睡觉，而大人依然在说话或制造出混乱的场景。

孩子睡觉出现“夜惊”怎么办

有时孩子会在睡着之后突然出现受惊吓的动作（还可能哭出声音或说话），看起来好像被吓醒一样，但其实依然还在深睡的阶段中，等到睡醒后完全不会记得。睡眠中的“夜惊”（Night Terror）现象若是偶尔出现不必过分担心，这是因为幼儿的神经系统调节仍然在发育当中尚未成熟稳定，所以孩子比大人更容易发生夜惊的现象。遇到这种情况请不要轻易打开电灯，给予稳定而规律的重压按摩可以达到安抚的作用，通常孩子也就能继续睡觉了。

19

孩子睡觉一定要大人陪，到底要不要答应

如果孩子要求大人陪着才能睡觉，多数是因为照顾方式而养成的习惯；若家中没有足够的人手可以专门陪伴，当孩子睡觉时间一到把他放进婴儿床他也可以独自入睡。“孩子到底自己睡好还是和爸爸妈妈一起睡好呢？”这没有好或坏的区别，每个家庭居住的空间条件不一样，爸爸妈妈不必太介意外在环境条件，因为孩子更需要的是一个安全稳定的作息时间，而不是陪着大人一起熬夜。

通常新生儿可以睡在婴儿床内，孩子未断奶前将婴儿床放在妈妈房间更方便照顾，等到孩子学会走路之后就可以睡在自己的房间了。且每天早睡早起有助于孩子的身体成长和

发育。

外出旅行时，我们常能看见孩子坐上车不久就熟睡了，所以如果孩子夜晚玩累了也会比大人更容易入眠，小孩子基本不会有失眠的困扰。研究发现，晚上11点至凌晨是人体生长激素分泌最旺盛的时期，充足的睡眠对幼儿和发育中的儿童十分重要，更有助于白天的学习和记忆。

在都市生活的孩子普遍活动的空间不足，白天若没有充分的运动量，晚上回家可能会静不下来；妈妈如果不懂得这个道理，只是一味强迫孩子乖乖躺好，当然得花很多时间陪着孩子，还得想方设法才能让孩子快点儿睡着。即便爸爸妈妈强迫孩子躺好不能动，也只是暂时的，因为很有可能在大人睡着后，孩子还是清醒着。

体力旺盛型的孩子需要比同龄孩子更多、更充分的运动，否则每晚到睡觉时间依然处在想找刺激的状态，往往会表现出焦躁不安的样子。

有些孩子吵着要大人陪是希望争取更多时间和爸爸妈妈聊天，白天忙于工作的父母可能回家后就已经不太想说话了，但是通过每天15分钟的睡前讲故事时间专心陪伴孩子是很重要的。沟通时间其实不需要很长的时间，但是必须放下手上的事情，专心听孩子说话。轻松无压力的聊天能让爸爸妈妈更明白孩子的想法。

具有安全感的孩子较早可以独立上床睡觉而不会要求大人陪伴。

在睡觉前的亲子共处时间，请减少纠正幼儿想象力的训示或警告，多用幽默和鼓励的方式引导孩子看待一天的所见所闻。如果孩子常会说：“妈妈，今天我很快乐！因为……”此时的他大致已经不用大人陪着睡觉了。

20

孩子经常晚上睡不着，早上起不来怎么办

正常情况下，孩子的睡眠时间会比成人更长，半岁之前的小宝宝更是需要大量的睡眠，每隔数小时就需要休息，有时还会在吃奶时睡着；当宝宝开始会爬时，清醒不睡的时间就逐渐变长了。

睡觉时间的长短因人而异，取决于个人的生理需求和生活习惯。成人可能会因外在因素造成身心压力而睡不着，但孩子是身体能量消耗掉了就必须靠睡眠来补充体力，因此孩子失眠的情况并不多见。

孩子如果到晚上还睡不着，可能是还不累或者在晚餐前才刚刚睡醒。只需调整一天当中睡觉和清醒的间隔即可，爸爸妈妈可以让孩子在中午休息之后进行充分的运动，经过

四五个小时之后孩子就需要睡觉了。

研究发现，失眠与大脑内松果体分泌的褪黑激素失调有关，现代人的生活不再如过去日出而作，日落而息，白天工作而夜晚回家休息时也经常灯火通明，越来越普及的计算机、智能手机等屏幕也会发出强烈的光刺激。当我们长期处在灯光明亮的环境中，眼睛的视网膜能够感知环境中的蓝光亮度，将光线信号传递给大脑中的松果体。松果体若长期被光线刺激就无法分泌褪黑激素。脑内的褪黑激素不足就无法进行大脑细胞的修复，将会影响孩子的睡眠、发育及记忆，对孩子很不利。

最好的解决之道是孩子养成早睡早起的习惯，在睡觉时间要先把房间的大灯关起来，睡前不要看计算机、手机等发光的电子产品，若开着大灯睡觉是不利于身体健康的。

小贴士

如何改善孩子睡眠问题

1.每天要有足够的运动，在睡前1小时不要做剧烈活动。
2.养成固定的作息时间，让孩子习惯有规律性的生活节奏。
3.检视孩子的睡眠环境，减少声光刺激。
4.睡觉前施予重压按摩让孩子情绪稳定下来。
5.睡前20分钟播放轻柔的音乐。
6.深夜浅眠期若醒来只需安抚孩子再躺下即可，不要开灯和孩子玩。

21

孩子经常把鞋子穿反，不会觉得难受吗

“左脚和右脚的鞋子不一样，难道孩子看不出来吗？”困惑的妈妈实在无法理解孩子为何一再将鞋子左右穿错，教了多少遍也分不清楚，这到底是怎么回事？孩子从小就聪明活泼，为何穿鞋这么小的事情怎么教都教不会？究竟是孩子“记不住”还是“分辨不清”呢？

少数孩子到了大班还会穿错鞋，爸爸妈妈总以为孩子不够用心或不认真，所以才会一再犯错。经常把鞋子穿反可能有些被忽略的状况，爸爸妈妈要多加关心，因为生活上的小失误可能反映出和学习相关的潜在问题。

视觉空间关系影响方向判断

儿童大脑成熟度和生活学习的表现息息相关，许多孩子在5岁之前很难正确分清左右，也无法正确辨别出左右相反的图案或文字。我们可以经常见到正在学习认数字或字母的孩子，在游戏时想要模仿大人拿笔写字，只不过孩子努力“画”出印象中的数字时，却会出现左右相反的数字，经常把 2 或 3 的方向写反了；遇到数字 6 或 9 容易分不清楚，遇到英文字母 b 或 d 看不出来有什么不一样。

当视觉空间的概念发展还不够成熟时，孩子无法分辨出左右相反的镜像图形。爸爸妈妈无法要求幼儿学认字时几次就能记住，因为孩子很有可能在下次依然混淆不清。少数经常左右分不清楚的孩子，不仅在学习认字时会有混乱的情况，也看不出左右脚拖鞋的形状是左右对称的，虽然看来很像，但其实两只拖鞋的形状并不相同。

如果孩子左右分不清，可能有感觉统合失调的问题，遇到这种情况，爸爸妈妈可以先教孩子记住如何观察左右两只鞋子的特征。另外要加强孩子身体两侧的协调运动，通过双侧身体运动来活化大脑的整合性反应。

身体觉得不舒服是无法勉强的，孩子把鞋子穿反会不会感到难受，和孩子脚部触觉神经系统的敏感程度有关系；即便孩子所穿的鞋子很宽松，脚部也能感受到穿对鞋和穿错鞋的舒适度是不一样的。针对穿错左右鞋还不知道要换回来的孩子，必须加强孩子感觉刺激的经验，让孩子的身体对外界环境有适当的反应。

22

孩子不肯穿外套出门，可以顺着他吗

确实很多大人总会怕孩子着凉感冒而让孩子多穿一点儿，也经常为了孩子吵着说太热不想穿外套而生气。事实上，每个人对冷热温度的感受是不同的，如果孩子体力很好、活动量又大，穿着太厚重的衣服反而会限制行动。

人体的核心温度是恒定的，体表温度会随环境温度而变化，环境温度升高时，人体会通过排汗来散热，天冷时也会通过颤抖来产生热能。孩子活动量通常比大人更多，体温自我调节能力还不够好，当爸爸妈妈发现孩子有出汗的情况，最好给孩子换掉汗湿的衣服，这样孩子才不会因为毛孔扩张时遇到冷空气而受寒。

正常的情况下，如果孩子觉得热，就会想脱掉外套；如果他觉得太冷，也会主动跟大人说冷。要让孩子学会表达自己的感觉，而不是凡事都必须由爸爸妈妈打理。

孩子对于当下发生的事物会有基本的判断与理解力，也懂得下雨天出门要穿雨衣或拿雨伞。但是孩子无法理解天气预报上预测的温度究竟有何意义，照顾者得耐心为孩子做好事前的预防准备。

“算了，就顺着他不管了，看他下一次会不会记住我的好意！”一位和孩子争论不休的妈妈说了气话，索性不管了。在教养孩子的过程中我们不要因为冲动而采取非理性的教养法。若大人明白孩子只是因为生活经验较少、常识不足才会坚持自己的想法，就不会失去理智和孩子斗气，而是耐心引导孩子对环境的变化有更敏锐的观察能力。

如果出门的时间较长，预测会遇上温差很大的情况时，爸爸妈妈可以给孩子准备一个小背包来收纳外套，让孩子学习保管好自己的衣物。通常在2岁之后，孩子就能拥有分辨你我的能力，这时期可以开始教导孩子学习负责把自己的东西整理好。

23

只听老师的话，在家是个小霸王怎么办

几个月大的婴儿就会观察大人的表情，能分辨出爸爸妈妈高兴或生气的表情。通常孩子出现不当的行为时，爸爸妈妈只要脸上的表情严肃，孩子就能懂得这意味着某件事不能再做。

观察力强的孩子能够发现在不同的规则下，必须作出不同的表现；换言之，如果孩子会听老师的话，而回家后主动性就大大降低，那么很可能孩子只是在大人容许的范围内，尝试做到别人期望的样子罢了。除了极少有情绪障碍的个案之外，若孩子在家表现出任性小霸王的模样，很可能是由于家长在管教孩子的态度上有忽紧忽松的情况，也可能有人对孩子宠爱过度，“小霸王”或“公主病”都是日复一日养成的不良习惯。不过，这都可以通过正确的引导来改善。

大部分老师在定规矩时较明确：不容许孩子讨价还价，也会定一些奖励的制度来鼓励孩子。因此多数孩子都知道要听老师的话，不能违反规定。孩子完全不受约束、不听指令需要尽早教导纠正。如果孩子在学校和在家表现不一，就表示孩子懂得察言观色，也懂得比较、判断，我们可以欣赏孩子反应快、点子多的优点，然后随着孩子年龄增长再来要求配合遵守规定。

培养爱心让小霸王变温柔

如果孩子只是因为不懂得沟通而出现强迫他人的霸道言行，首先要教导孩子如何用温和的方式争取他人的认同。许多主观意识强的孩子会有自己的想法，对于大人教导的事情不一定会全盘接受。父母和语言逻辑反应特别快的孩子沟通时，要有点心理准备，通常越是聪明的孩子越会据理力争、坚持度高，不像其他孩子一样轻易放弃。

每个人都有想要帮助别人的善良本质，我们在平时就要教导孩子懂得关心家人，鼓励孩子以具体行动表现出来更好。孩子能够帮忙的事并不算少，打从孩子能走路时就可以帮忙拿东西、给家人倒水等，孩子从被照顾者一下子升格为可以照顾爸爸妈妈的大孩子，能带给孩子极大的荣誉感，这对本身就具有领导特质的孩子特别管用。

24

孩子动手打妈妈，需要打回去吗

孩子通常不会无缘无故动手打人，如果经常动手或发脾气，可能是由于表达能力不够，因此才会用肢体动作来引起他人注意。

在儿童发展的初期，动作发展的速度比口语表达能力更快，所以婴儿在还不能说话之前，就会用点头来表示“要”或“谢谢”，也能用摇头或摆手来表示拒绝。

1岁半之前为前语言期，也算学说话之前的预备期，此时，如果家人能常和孩子说话，就能发现孩子竟然能够分辨不同人讲话的声音，知道每个东西都有不同的名称。

其实孩子能认识和知道的东西比大人想象的更多，只不过因为身体动作还不够灵巧，口腔肌肉和唇舌之间的控制协调能力还不成熟，所以才无法开口说出完整的一句话。

通常孩子想要什么却又无法完整说出来，再加上身旁的家人猜不出来，导致孩子更着急，如果这时候大人还不理会他或取笑他，孩子就会大发脾气用打人或更激烈的方式来引人注意。

作正确示范，不能以暴制暴

当孩子有打人的动作出现时，一些主张打回去的妈妈说："我想让孩子觉得疼，下次才不会再随便打人。"但是年龄较小的孩子无法通过动作领悟到妈妈的用意，反而可能产生误解。"好，你再打呀！""再用力一点儿"……有些大人会和孩子一来一回地互相拍打对方，还火上浇油地说着要孩子继续打，于是孩子和爸爸妈妈继续打来打去，可真让旁观的人弄不清他们在玩什么，绝对想不到年轻爸爸妈妈的目的是禁止孩子动手打人。

爸爸妈妈通过说反话来刺激孩子和动手打回去的做法都不恰当，因为孩子完全不能理解动手打人是不好的行为，反而会误以为是好玩的游戏呢！

年龄较小的孩子还不能理解大人说的反话，请给孩子明确的指导。

我们要教导孩子想要什么就要慢慢说清楚，用哭闹的方式说话别人听不懂，告诉他们在很生气的时候记得深呼吸，让自己心情好一点儿再慢慢讲。有爸爸妈妈耐心沟通引导的孩子，通常情绪调节能力会比同龄的孩子更好，也不太会出现动手打人的举动。

25

孩子对妈妈没礼貌怎么办

见到孩子无法达到目的而用婴儿般的哭声向妈妈撒娇时，妈妈常会尴尬地说："我家宝宝很聪明，就是脾气比较大而已。"有些家庭中，爸爸妈妈对孩子百依百顺，照顾周到，也没有教导孩子学习用言语来表达意思，孩子生气就动手打爸爸妈妈的情况时有出现，这是个必须重视的现象。

儿童的情绪调节能力必须从小开始教导，否则孩子就会用任性哭闹处理事情，从15个月的幼儿至小学生都有这种情况，更有甚者，五六岁的孩子一发脾气就对妈妈拳打脚踢。显然，孩子情绪控制不佳的情况必须通过有效的引导，不能期待孩子长大就会自然变好。"其实她在学校很乖，回家才爱生气……”一位妈妈为已经上幼儿园的任性的女儿解释。尽管孩子对妈妈任性喊叫，然而妈妈没有正确的应对方法，所以，才会十分吃力地以抱婴儿的姿势哄着孩子。类似的亲子互动状况存在管教失序的危机，必须适时调整。

孩子不只需要爱，心智也要随着年龄增长而增长才行。如果孩子在外可以守规矩，和亲密的人相处也要学习懂礼貌，长大后才可能成为知书达理的成年人。好父母不能放任孩子无理的要求，无论遇到什么状况时都要教导而不能一心软就向孩子妥协。1岁半以上的孩子必须听懂大人的指令，当孩子行为不当时必须立刻制止，而非放任孩子想要什么就做什么。孩子会用哭来试探家人，有时候是一种试探的游戏，真正的身体不舒服或发泄情绪，从孩子的哭声是可以分辨出来的，所以新手父母都要学习。

不能心软的响应方式

◇孩子乱扔东西时——跟孩子说：“请收起来。”重复相同指令，大人必须忍住想去帮忙收拾的冲动。

◇想用哭声来达到目的——跟孩子说：“用哭的声音讲话妈妈听不清楚，我想知道你要什么，不要急，慢慢讲。”

预防之道

◇不宜让孩子接触的东西要收好，别故意引诱孩子犯错。

◇不宜在孩子面前做出贪小便宜或侥幸的行为，聪明的孩子会模仿大人的行为。

◇教孩子尊重每个人，常说“请”“谢谢”“对不起”，对家人说话也要轻声细语。

◇不可对孩子施暴打骂，家中大人的管教原则最好事先达成共识。

◇正向思考，多鼓励好的行为，别在众人面前常提起孩子不小心犯过的小错误。

26

吵着要出去玩，出去又不愿意配合怎么办

孩子天生就有强烈的好奇心，每个孩子都期待出去玩，连不会说话的小宝宝也会指着大门的方向希望大人抱着去外面散步。但爸爸妈妈常常发现，孩子出了门又不愿意配合，这让爸爸妈妈觉得非常困惑。客观来说，两者的目标和做法可能并没有达成一致，这才出现孩子不愿意配合的矛盾冲突。

想去哪里？想玩什么？期待和结果不同

孩子想要的出去玩通常不需要很长的时间和昂贵的费用，而只需到家附近的公园散步、到熟悉的商店买东西。孩子看到和家里不一样的摆设和人物就能产生新鲜感，只要有

人能够陪孩子去体会有趣的事物，孩子就会觉得“好玩”。

大人对出去玩的理解和孩子可能有极大的差距。大人总希望可以给孩子最好的，有些认真的家长在出门前就会打听去什么地方比较好玩。每逢假日一些网络上评价较高的旅游景点就会引来大批的人潮，由于人多拥挤，一些家长在一出门就开始抱怨堵车很烦、排队等车很无聊，突如其来的种种状况可能会使原本的兴奋感大打折扣。

“成天吵着要出来玩，为什么爸爸妈妈特地带你来了还不快去？是不是故意找大人麻烦呢？”遇上孩子到达目的地而不肯配合时，请大人先保持冷静，不要责怪孩子为什么不想配合，而要设法引导孩子，并点燃他参与活动的热情。因为不少孩子内心想要和别人一起玩，但可能由于经验不足、怕生、紧张或身体太累等原因，都会让他们在陌生的环境出现放不开的情况。

如果孩子年龄很小，爸爸妈妈在安排亲子活动时，首先要考虑孩子的体能状况，遇到突发情况也要保持乐观而有弹性的应变能力，如此才能保有轻松愉快的心情，充分享受亲子共处的宝贵时光。

27

叫孩子做事时不配合，不理他时又自己做，是故意唱反调吗

当我们和不同地方的人沟通时，即便讲同一种语言，但是因为习惯用语不同，也会出现一时之间没听懂对方意思的情况，必须经过一番解释之后才能理解。大人和孩子之间沟通时也常有类似的误会，由于孩子的理解能力还在发展，如果爸爸妈妈平时和孩子相处的时间不够长、默契不够，经常以和大人沟通的方式来教导孩子，很可能会解释老半天，而孩子依然完全不懂该从何下手。

“这也太奇怪了，每次我问儿子：‘刚才妈妈说的事情你听懂了吗？’儿子都说听懂了，问他会不会，也大声说会啦。每次叫他把玩具收好就是不肯动，总要等到我失去耐心

不想再理他，他一个人的时候才会动手。”这位求好心切的妈妈常忍不住想对孩子发脾气。

遇到孩子听到大人交代任务后很久还没行动，建议爸爸妈妈仔细看看孩子的表情，孩子真的听清楚或听懂了吗？眼神和脸部的神态都能透露出信息。

有些爸爸妈妈会站在孩子的背后交代事情，然而孩子很可能正专注于手上的活动或游戏，只是随口发出声音来回应大人，其实完全没有听懂大人说了什么。

幼儿的语言发展会经过一个仿说的时期，两三岁的孩子在回答大人的问题时，常常会跟着把最后一两个字重复说一次，但是他们并不一定理解大人说的话是什么意思。爸爸妈妈不知道原来幼儿回答“听懂了”只是我们所了解的“仿说”而已，不代表他真正懂得其中的意思。

如果5岁以上的孩子经常在回答“我知道”“听到了”后不去行动，这时候就需要调整孩子的习惯和态度了；能真正听懂却不配合，请客观地检视一下是“意愿”还是“能力”造成的。此外，保护过多和溺爱过度也会剥夺孩子动手练习的机会，习惯被他人照顾的孩子，在听见老师的指令后仍然坐着发呆而毫无反应，因为他们可能不清楚在什么时间自己必须设法解决问题，这类孩子只是经验不足，请先别错怪他们是故意唱反调。

28

遇到孩子霸道无理时怎么办

爸爸妈妈会觉得孩子霸道无理，多半源自双方的沟通并没有达成共识。当孩子和别人沟通时呈现强势状态或不能接受别人讲道理时，孩子就会被认为比较霸道或自私；但从另一方面思考，孩子是因为感觉自己是对的，所以才会坚持立场而不愿妥协。

在儿童心智发展的过程中，孩子会先发展自我的概念，然后才慢慢有“利他”的概念。随着孩子年龄增长，爸爸妈妈必须教导孩子要有同理心，同时更要教孩子学会如何与他人相处。

当孩子出现情绪失控而霸道无理的状况，爸爸妈妈不必急于采取过激的处罚管教方式，因为幼小的孩子大脑理性思考能力尚未发展成熟，即使孩子知道什么行为是不对的，他们依然无法精准地控制住冲动行为。保护自己是人类生存的本能，年龄小的孩子没有伤害别人的恶意，让大人感觉不当的行为举动通常和保护性的反射动作有关系。

当孩子感到不安时，他们通常会有神经反射性、防御性的推拉动作，有时只是为了维护自己的玩具而把别人推开或大叫“这是我的”“不要”等，如果孩子动作太大又施力不当，便会让人感觉孩子粗鲁而霸道。

遇到大人或孩子情绪失控时通常可采取“冷却法”，双方暂时离开发生冲突的地方，等冷静之后再进行协调。如果双方失去理智，即使是最简单的沟通也可能引发更多的争吵。

通过游戏培养孩子的控制力

孩子因为大脑总指挥——前额叶发育尚未成熟，抑制冲动的能力比较弱，所以常做出一些冲动的事件，爸爸妈妈因为不懂孩子为何容易冲动，才会错怪他们霸道、无理取闹。事实上，每个孩子都希望自己受欢迎，所以可以让孩子通过玩过家家等角色扮演的游戏帮孩子培养同理心。3岁左右的孩子便可参与具有简单规则的游戏，让孩子学习等待、轮流和遵守指令等。

总之，孩子的言行是通过模仿而学来的，爸爸妈妈要教导孩子适当表达情绪，增加孩子和同龄小朋友相处的机会，这样可以让孩子有更多学习的机会。

29

如何改善孩子动不动就哭的习惯

孩子在什么情况下容易哭呢？哭泣的表现有不同的程度，首先爸爸妈妈要学会观察孩子处于什么样的状况，才能够帮助孩子减少哭泣的次数和时间。

【观察一】身体不舒服吗

孩子在感觉身体不舒服时，会比大人更难以控制自己的情绪。孩子在成长过程中难免会遇到长牙、感冒或跌倒受伤的情况，若孩子本身对痛觉较敏感，在遇到这些情况时就会浑身不舒服，当刺激感受超过身体承受极限时，孩子只能用哭来表达了。

如果孩子是偏敏感型的体质，平时要多让孩子接受不同的刺激，让孩子身体自我调节的功能变得更好，自然不会遇上一点突发情况便哭闹不休。

【观察二】表达能力好吗

婴儿会用哭声来吸引大人注意，不同的哭声也代表不同的意思。当孩子开始学说话之后，爸爸妈妈就要让孩子习惯使用说话的方式来表达需求；如果孩子无法让别人听懂自己的意思，便容易像婴儿一样以哭来表示。

【观察三】环境有什么改变吗

婴幼儿和称职的照顾者之间会形成一定程度的默契，并且建立出稳定的安全感。搬家、生病、换保姆、多了弟妹、上幼儿园等特殊事件，都可能造成孩子和大人不适应，间接影响到家人的情绪稳定。爸爸妈妈面临环境变动时，请先调整自己的心态；保持乐观的态度、多说好话、避免抱怨，孩子也会因为大人呈现的安定态度而降低焦虑。

当我们冷静地找出孩子常哭的原因后，下一步就是让孩子学会调整自己的情绪。请不要让孩子无限制地哭闹不止，因为剧烈的哭喊会让呼吸变得极不稳定，致使脑部缺氧而影响正常的思考判断。

悲伤时会流泪是正常的，同理心强的孩子看到别人伤心也会跟着想哭，孩子适当地表达情感情绪不要禁止。但爸爸妈妈要教导孩子学习体察自己的感觉，不能使用哭闹的手段来得到自己想得到的东西。无论是大人还是小孩，发现自己伤心难过时都可以练习深呼吸，重复几次之后，脑子和身体都会舒缓一些，然后才能把话讲清楚。

30

上街看到喜欢的东西就吵着要买，当众哭闹不停怎么办

从孩子学会叫爸爸、妈妈，可以正确模仿发声开始，我们就要教导孩子如何以正确的语调和声音来说话，告诉他们如果大声喊叫或是哭着讲话，会让别人听不清楚。有经验的老师在亲子团体活动中，能够判断出哪些成员是一家人，因为如果爸爸妈妈说话都是轻言细语，孩子说话的语调和遣词造句，相对于其他同龄的孩子也会显得更为温和有礼。

若孩子想要什么就以哭闹的方式索取，表示这个孩子还不懂得控制情绪，因此才会看到什么就想立刻得到。对于一个心智发展还不够稳定的孩子来说，在情绪失控的情况下，

给他讲道理他是听不进去的；如果大人生气地大声斥责，孩子便会以更大的哭闹声来让人听见他的需求。

带孩子上街，孩子看见喜欢的东西就想要买，此时最好立即转移孩子的注意力，不要刻意让孩子面对巨大的诱惑，挑战孩子的忍耐度。当孩子吵闹时，大人也不要受孩子的情绪影响，保持冷静，以坚定的态度把孩子带离现场。

预防当街吵闹的教养秘方

◇让孩子明白物权。大约1岁之后就可以指着物品告诉孩子：“这是妈妈的。”“这是爸爸的。”“这是宝宝的。”

◇别人的东西不能想要就拿走。不是自己的东西不能乱动，如果想要借用他人的东西要先征得他人的同意，拿到东西要说“谢谢”。

◇商店的东西必须先付钱才能买回家。小朋友不能自己随便买东西，只有在大人陪伴和同意下才可以购物。

◇珍惜玩具和食物。要学习和朋友分享或交换使用。

上街买东西前可以和孩子讨论“今天要买什么”，出门之前写出（或画出）一张明确的购物单，和孩子一起玩购物游戏。没有写在单子上的东西，就不可以买。大人和小孩都要共同遵守这个规则，爸爸妈妈也要控制自己的购物冲动，不要轻易破坏约定。

31

孩子很依赖，不肯自己动手怎么办

“我家女儿就是学不会收拾房间，下班想找她帮点忙也叫不动，不如我自己做更快！”很多爸爸妈妈都会因为叫不动孩子而生闷气，忍不住问：“难道孩子都是被动的吗？”

其实孩子原本是勤劳而主动的。物质生活条件相对匮乏的孩子，似乎更勤劳一些；习惯被照顾的孩子，反而会失去自己动手的练习机会。爸爸妈妈要先找出孩子会依赖是因为“不会做”还是“不习惯做”，再来研究改善的方法。

小心！孩子的被动可能是大人造成的

孩子想要主动学习的时间开始得很早，可惜多半被照顾太周到的大人禁止了。大约11个月的孩子就想自己拿汤匙吃东西；1岁半左右的孩子爱模仿大人动作，总想要自己脱鞋、模仿擦桌子的动作……

孩子想自己吃饭和手部控制能力有关，在孩子需要练习的时候，大人又经常说："你还小这个你不会，让妈妈帮你……"长期在孩子耳边念叨你没有能力做好的话如同催眠一样，孩子天生具有的挑战欲望会日复一日地消耗掉，于是便形成被动等待的习惯。坚持要自己动手的孩子会被大人认为不听话，可是他们的动作会比较熟练；向来乖乖听话但缺少经验的孩子，主动解决困难的能力就减弱了。孩子不会做只是缺乏经验和引导，明智的爸爸妈妈要从旁协助，适时给些提示就好，千万不能一直帮孩子做事情，否则就无法改善孩子凡事问大人而不自己思考的习惯。

让孩子体会助人的喜悦

每个人都希望自己受到尊重，我们要让孩子从小学习分享、关心家人的需要。幼小的孩子天生都喜欢帮大人做事情，爸爸妈妈要给孩子制造机会，例如，请孩子帮忙拿东西、吃饭时帮忙准备餐具等，当孩子完成任务时要及时称赞这些好的行为，这样孩子就会更乐于重复大人鼓励的活动。当孩子体会到助人的喜悦，自然会由依赖转变成主动积极的人。

32

多大的孩子要学会收玩具？孩子不肯收拾该怎么办

孩子在10个月左右，就能用整只手掌抓握物品。此时他们开始发现可以用手先抓住东西再放开，手里的东西就会掉下来发出声音，太有意思了！于是孩子开始把能够伸手拿到的东西一个个扔到地上；如果爸爸妈妈帮他把玩具捡起来，孩子还会重复不断地将手上的玩具扔掉。孩子首次出现乱扔玩具的现象通常在未满周岁时，爸爸妈妈要教导孩子不可以乱扔东西时必须有足够的耐心。对这个阶段的孩子言语警告通常是无效的，不要经常训诫：“不能扔！”“再扔就打你！”很可能孩子只会记住动手打人的动作，遇到不开心就动手打人。

爸爸妈妈不需要为8~10个月宝宝出现这样的动作而生气，因为这是婴儿动作发展的必经过程，大人要做的是正确示范，并不是一再重复禁止。

孩子天生具有模仿能力，即便是还不会开口说话的婴儿就有模仿力了，他们通过观察来学习家人的一举一动。如果爸爸妈妈有用完东西就放到固定位置的好习惯，而且在收东西的时候说："这是妈妈的书，书要放在书架上。""这是宝宝的玩具车，玩具车要放在固定的柜子上。"久而久之，孩子就会知道家中的各种物品放在哪里，还会主动把玩具放回原处。

会走路的孩子可以学习把东西拿到固定位置，爸爸妈妈要以动作配合指令做示范让幼儿学习，如果孩子做对了就给孩子拍手鼓励；如此一来，孩子在独处时也会玩重复排列的游戏，在完成任务之后还会很高兴地拍手鼓励自己。

2~3岁期间也是建立秩序感的时期，孩子可以区分大小、形状，并进行物品分类，爸爸妈妈可开始教导孩子练习"分门别类"，而不是一股脑儿把东西全部扔进大箱子。心急的大人常会担心孩子动作慢、做不好，经常忍不住动手帮忙，若爸爸妈妈有这样的想法必须调整一下，因为过多的协助或批评会让孩子想尝试的动机消失，当孩子产生“反正收东西有人会帮忙，我还小所以做不好”的心态后，待到父母突然要求孩子自己收拾书包、打扫整理时，恐怕要费时费力才能让孩子重新改变习惯了。

33

孩子的动作老是拖拖拉拉的，能够改善吗

孩子的动作熟练程度跟练习的经验有很大关系，学龄前的孩子在跑、跳、玩耍的过程中锻炼身体的协调能力。好奇心极强的孩子为什么做事情好像总会慢半拍，为什么老是提不起劲儿来呢？充满疑惑的大人生起气来会忍不住责怪孩子：“你为什么动作这么慢呢？不能像妹妹一样快点儿吗？”

首先请爸爸妈妈千万不可将孩子和别人家的孩子比较，因为每个孩子的生理发育不同、天生的个性不同，照顾的人不一样，许多内在和外在的因素都会让不同的孩子在遇到相同情境时，出现完全不同的反应。对于自己为什么比别人慢这个问题，孩子往往没办法说出一个令家长满意的答

案，而大人急躁责怪的语气却很容易让年纪大一点的孩子进行负面解读。

对于动作较慢的孩子，我们要客观地分析原因才能找到方法让孩子动作变快，比如说动作慢是否有特定场合，孩子平常做任何事情（包括游戏时）的动作是不是都很慢，或者是不是只在某种状况才会慢吞吞。

孩子经常在做以下几类事情时显得拖拖拉拉

◇平常做什么事情都很快，只有吃东西很慢。

可能的原因有：

· 食量小，挑食

· 零食过多

· 吃饭时气氛不佳

· 咀嚼能力不好

◇点子很多又爱说话，但出门走路、游戏动作都是慢吞吞的。

可能的原因有：

· 日常活动空间小，缺乏经验

· 身体协调能力有待加强

· 大人常警告小孩不可以乱跑

· 在陌生环境容易紧张

◇大人交代事情没反应，总要别人生气才开始。

可能的原因有：

· 大人讲的话太复杂没听懂

· 外在吸引力过大

· 习惯被照顾

· 根本没听到或是没记住

孩子的动作灵巧度是通过不断反复练习而获得的。那些被照顾得太多太精细而缺乏动手机会的孩子，不可能一时之间就跟上同龄孩子的灵活程度，爸爸妈妈必须给他们更多的时间和耐心来练习。

生活经验较少的孩子，在遇到新状况时往往不知所措，如果无法跟上其他人会让孩子产生挫折感，他们需要的是具体的指导和鼓励而不是催促。请给动作慢的孩子一点提示或示范，让他们有充足的时间安心观察和模仿练习。

34

为什么叫好几次孩子才有回应，要纠正吗

“实在无法忍受这孩子不理人，叫好多次也没半点儿回应。如果长大后还是这种样子，怎么和别人相处？找机会教训孩子会有用吗？”

“也许孩子并不是想偷懒，会不会是他压根儿就没听到大人在对自己说话呢？”

请先别生气，我们可以冷静反思一下沟通的方式是否需要调整。不管是大人还是小孩，说话的人都会希望对方有响应，才能达到良好的沟通。如果只有一方在说话，而另一方并没有听见或者听不懂，当语言传达产生误会，便容易引起情绪的反弹。

如果想避免出现亲子沟通不畅的情况，爸爸妈妈在和年纪小的孩子说话时，说话的声音要清晰，速度要适中。对孩子交代事情必须简单明确，一次只说一件指令，并且要用孩子能理解的词句来说明。由于大多数孩子还无法理解大人说话时的暗示或反话，所以当孩子听不懂大人所说的话时，自然就无法在第一时间内作出正确回应。

在大脑发育成熟之前，孩子无法同时接收太多信息刺激。人类大脑神经细胞突触的连接是随着外界不断刺激而增长的；如果将孩子和大人作比较，儿童对于信息整合判断的经验相对不足，当孩子无法有效地过滤信息时，他们一次便只能做一件事情，环境若有太多的刺激容易混乱孩子的思绪，而显得不够专心。

试想，如果孩子在游戏时，妈妈向孩子交代事情时与孩子之间相隔一段距离，如果家中还开着电视或音响，大人说话声混杂在各种嘈杂的声音当中，这时小孩又正投入地玩手上的玩具或正在看书，那么孩子很有可能根本没听清楚妈妈反复交代的话。

小贴士

良好的亲子沟通从细节开始

1.让孩子看见大人说话时的表情和动作。

2.交代事情要确认对方收到信息。

3.不在嘈杂的环境大声喊叫，轻声细语更能引发孩子的好奇心。

4.有人在说话时要专心聆听，不可以随便插话或吵闹失礼。

5.听见不懂的事情或听不清楚时，要有礼貌地问清楚而非放任不理。

35

孩子动作粗暴给人很粗鲁的感觉怎么办

孩子在游戏或日常生活中动作粗鲁，可能因为孩子控制动作的能力还没掌握，也可能因为受环境影响模仿学习而来。所以很多专家建议孩子不要看暴力的影片，就是要减少判断力不足的孩子模仿不当行为。如果爸爸妈妈觉得环境中不存在这种暴力条件，那么就要从孩子的动作来分析，找出协助孩子改善的办法。

无论走路或跑跳运动都需要有良好的协调能力，婴幼儿还不能灵活控制双腿和双手，必须经过无数次练习才能让跑、跳或抓握等动作更精准。

活动量大的孩子需要更多运动才能满足；然而，每个孩子身体发育的成熟度不同，如果孩子的协调性还不够稳定，就容易出现动作太过、施力过当的情形。无法掌握力度的孩子玩起游戏来常常用力过猛，因而让别人感觉粗鲁，有时候连自己一个人走路或跑步也会撞上东西而发出巨大的声响。

与其命令孩子不可以做什么，不如明确指导孩子应该怎么做。教导动作粗鲁的孩子，要清楚做出正确的示范；而大声呵斥孩子“不要那么粗鲁”“放东西不会轻一点”通常只会让爸爸妈妈越说越生气。

动作粗暴的孩子或许根本就不知道如何做才对，爸爸妈妈用口头上的质问或责骂都不能有效改善时，就必须用动作来示范。唯有让孩子通过身体动作的调整，才能够亲身体会到该如何用力才是适当的。

如果孩子平时游戏动作幅度比较大，也容易和同伴产生肢体上的冲突，要教导孩子学会说“对不起”。调整孩子动作的精准度需要一段时间，所以也要提醒孩子在游戏时必须注意安全，他们可能对高度、距离和速度的判断不准从而喜欢上刺激的活动，大人必须注意孩子在活动前先做好安全保护措施。

36

为什么孩子总是坐姿不良

“能躺着就不会坐，能坐着就不想站，小孩子没做什么事就常喊累，请问是什么原因呢？”

不少妈妈抱怨孩子懒散，坐没坐相，站没站相。其实孩子的坐姿或站姿不良，并不一定是态度不好；我们应该客观评估孩子是不是因为无法维持身体姿势稳定，才会让人看起来好像态度不够认真了。

可能造成孩子坐姿不良的常见外在因素

◇请确认孩子做功课的桌椅高度是否适当，桌椅高度不当会让双肩高举或弯腰驼背，影响骨骼发育。

◇休息看电视时，座椅和电视机位置是否适当，长期固定偏左或偏右，会造成身体姿势不良或视力问题。

◇居家生活是否缺乏运动空间和机会，缺乏足够运动的孩子肌耐力也不足，无法维持较长时间的姿势稳定度，身体容易动来动去。

孩子的许多行为都是模仿而来的，当发现孩子有不当的言行举止时，爸爸妈妈要随时注意自己的言行。这样才能给孩子一个良好的模仿示范，不能单方面要求孩子做好。

孩子的大动作发展必须随着年龄增长而进步，2岁后的孩子就可以跑、跳、踢球和丢球。许多好动的孩子虽然活动需求量很大，但因为家中或学校的活动空间不足或大人保护太多，所以孩子只能在家跳沙发床，成天漫无目的地找刺激。

若我们从孩子动作发展的需求来看，生活在都市的孩子需要更多不同形式的户外运动，唯有孩子的双臂有足够力量可以推、拉、举和提重物时，才可能维持坐姿10分钟以上，安安稳稳地坐在座位上画画、写字或操作桌上型的益智玩具。

37

成天动来动去，静不下来怎么办

许多大人担心孩子成天动来动去会变成多动症。于是各式各样的管教方式都出现了，有人主张给孩子安排怡情养性的课程，希望培养孩子文静的气质；更有人主张只有严格管教才不会变成多动儿。其实，无论哪种课程都有其独特的优点，但如果想改善好动的情况，就不是强迫孩子坐好便能改进的。

大部分健康的孩子自3岁起到上小学之前，都不容易安静坐下来持续太长的时间。幼儿经常会配合身体动作来帮助他们学习，例如，有些孩子讲话时也要比比画画，也有孩子在背书时走来走去，因为走动可以帮助孩子提高大脑的清醒度，配合有节奏的身体动作能帮助他们记忆。只要孩子不妨碍其他人，那么就不需要加以限制。

很多人把活泼好动的孩子错认为“多动症”，多动症必须经过儿童专业医师诊断才能判定，爸爸妈妈不必过早担心，因为孩子在发育过程中必须积累足够的感觉经验，年幼的孩子都需要跳、跑、翻滚，以及类似荡秋千等刺激的感觉。若是经验不足，孩子可能会静不下来学习，活动需求量较大的孩子，如果没有足够的运动量会睡不着。

上小学之前的孩子最好每天能有20分钟的运动时间，若是活动量较大的孩子还可以适当再增加。给爸爸妈妈的建议是，如果孩子做自己喜欢的游戏时可以维持很长的时间，不妨把其他不感兴趣的活动变得轻松好玩一些，引发孩子的好奇心，维持静态学习的时间就比较长。

5岁左右的孩子专注在一种活动当中平均能维持20~30分钟的时间。如果孩子总是坐不到5分钟就会晃动身体，或完全没有投入同伴的游戏当中，爸爸妈妈就要提高警惕了，可以请医师从专业角度进行客观评估，协助找到原因，才能针对不同的情况给予指导。

38

为什么孩子走路常会跌倒、撞到东西

孩子从学会爬行、走路直到能跑能跳，一年之内进步过程看似平常，但其中蕴藏着许多复杂的生理发展奥秘。

有许多原因可能会让孩子走路无法保持平衡而跌倒，针对不同的情况有不同的改善方式。爸爸妈妈要多留意观察：孩子的双眼视力怎样、孩子的肌肉和骨骼发育是否正常，前庭觉的平衡能力好不好，对空间距离的判断是否有失准的情况……

请不要再责怪孩子："为什么走路就是不小心！"孩子容易跌倒可能有生理上的原因，我们要帮助孩子走路更平稳，更要教他学会保护自己不会因为跌倒而受伤。

发育中的孩子特别需要运动，生活在都市的孩子活动空间较小，平时缺乏走路和跑跳的机会，大部分时间在家中只能看电视或从事静态的活动，偶尔出门时家长也习惯以车代步。一旦孩子长期缺乏运动，便有可能让孩子在大动作发展上与同年龄孩子相较显得灵活度不足。多数家长往往容易忽略孩子运动体能偏弱，这一状况可能成为影响未来学习专注力的潜在问题。

走路也需要练习

走路不够稳的改善方法很简单，身体协调性和体力、耐力都要练习；可是我们经常发现大人会担心孩子还小走不稳，无论如何就是不放心让孩子到户外跑跑跳跳。事实上若想让孩子走路更平稳、行进之间的举止从容而稳定，最简单的方法就是每天散步、走斜坡和上下楼梯。

很多家长希望孩子长大后成为优雅的人，还会特别安排孩子参加仪态训练的课程，其实通过不时的运动，加强肌肉张力和姿势稳定度也能达到效果，否则孩子不仅在走路时容易跌倒，也可能在上课时坐姿不稳定。

平时活动量虽然很大，但动作不够精准的孩子也不少，这类孩子不是缺乏运动，而是习惯从事的活动并不是针对孩子的需要来安排的。鼓励孩子玩连续跳跃、翻滚等刺激性的运动，可以同时提供前庭平衡和肌肉关节协调的练习，帮助孩子提高动作灵活度。

39

孩子调皮又好动怎么办

大人所说的调皮意味着孩子常常怎么说都不听。“明明是叮嘱过不能做的事情，总是没办法控制自己。”妈妈真快要火冒三丈了！

如果父母懂得孩子为什么控制不住，也许就不会生气了。

好奇心是孩子的天性，在3岁前后妈妈会发现可爱的孩子变调皮了：成天动来动去，爱说相反的话，意见很多……这些令大人困扰的表现是孩子长大变聪明了。请爸爸妈妈先不要生气，动作发展更灵活才能跑、跳、转圈而不会失去平衡，这时期的好动也是孩子身体健康的表现。请爸爸妈妈先理解孩子需要通过运动游戏来促进身体的动作协调。3~6岁孩子需要大量的运动，若他们活动的空间不足、身体动觉需求未能得到充分的满足，就容易出现坐立不安、学什么都没耐心的情况。

“好动”和“多动”绝对是不同的

通常，好动的小朋友比其他孩子更想动手操作，他们听完老师讲解的事情之后很想动手试试，很难有耐心仔细听完大人交代的事情，但只要经过适当的指导便可以改善。请给这种类型的孩子明确指令，告诉他要做什么。说话时表情认真地看着孩子，指令简单而明确，让孩子知道爸爸妈妈不是开玩笑的，现在必须做，并告知怎么做才是对的。

经过统计，真正属于多动儿或注意力缺损的孩子大约占2%，而且必须要经过专业医生的诊断，才能判定是否需要通过治疗来调整。

所以妈妈们请不要轻易把“多动”一词用在一个健康活泼的孩子身上，也不必为此而过分焦虑，大部分调皮的孩子只是暂时的好动，缺乏有效指导罢了。孩子在一开始都无法分辨上课和下课的意义。父母和老师必须合作，在家或学校都要反复告诉孩子在什么时间、什么环境可以自由跑跳玩耍，在必须安静坐下来玩或上课的时候就要认真学习。

如果家中一位家长很严格，另一位家长又特别溺爱，聪明而调皮的孩子就会尝试不同的状况来测试大人的管教底线。每个家庭在教导孩子时，最好能先定一套规矩，孩子有规矩可依就不会调皮捣蛋。平时保持轻松的态度看待孩子的行为，遇到必须指正的时候就收起笑脸认真地告诉孩子。爸爸妈妈有责任教导孩子，而亲子间的感情和信任关系并不会因为正确的指导而有所疏离。

40

常说不好玩，是不是就别浪费钱给孩子上兴趣班了

孩子喜欢游戏，但在游戏过程中也会遇到挫折。举例来说，积木堆不好会一再倒下来，孩子必须耐着性子重新来一次，如果失去了耐心，孩子就会觉得这种游戏不好玩。益智玩具太无趣，玩过家家游戏就不会伤脑筋了吧？这可不一定。

有时孩子会抱怨："我不要和他玩，他很小气，东西都不借别人。"即便玩游戏，孩子也会有觉得不好玩的时候。虽然孩子有时会和其他同伴发生冲突，只要当下没有大人太快介入调解，通常孩子们都有能力自己协调出相处的模式，

转眼间又能玩在一起了。

任何学习都会遇到困难，学会鼓励孩子

无论哪种类型的课程，上课都是一种有目标和进度的学习，上课和单纯的玩耍显然大不相同，每堂课不可能让孩子一直感受到新鲜好玩的乐趣。在课程进展过程中遇到困难时，孩子必须设法突破，爸爸妈妈和老师也必须鼓励孩子坚持下去。

不要轻言放弃

“我们只想培养孩子艺术欣赏的能力，能多一项兴趣更好，并非想要他当职业的音乐家，孩子不喜欢就算了。”不想强迫孩子的爸爸妈妈会这么说。

抱有这种想法的爸爸妈妈更要三思，因为一旦和孩子沟通好参加任何课程，最好也慎重评估接送的交通和时间问题，能否有大人可以陪同持续一段时间，要学就不要随意中断或随便缺席。

少数孩子适应新环境需要比较长的时间，进入新环境时由于对同学和老师都不熟悉则更容易紧张，当孩子还在观察期，请父母不要太快放弃。

不盲目跟风，选择合适的兴趣班

如果想让孩子学习才艺类课程，最好先由欣赏开始，不

要一开始就强迫孩子一直做体力无法负担的单调练习，以免出现孩子排斥的反效果。

每种课程都有适合的年龄和基本能力要求，太快让孩子参加过多的课程或难度太大的课程都不适合，所以安排课程的决定不该只凭孩子说好玩或不好玩来判断，必要时家长可以向有经验的老师咨询，而不要盲目追赶流行。

41

孩子学什么都提不起兴趣，该怎么办

如果孩子小时候也曾经主动在家中翻箱倒柜地探索新事物，长大后为何对任何事物都不感兴趣，从好奇到冷漠的变化过程，其实值得深思。

孩子天生就有探索和观察的好奇心，能坐稳或爬行的小宝宝只要见到东西就会伸手抓，然后再放进嘴里咬，等到经验足够以后就不再乱咬东西了。学会走路之后活动的范围更大，家中任何东西都可能引起他的好奇而想拿到手上玩一会儿。诸如此类的探索行动都是孩子主动性学习的开始。可惜许多爸爸妈妈会因为过度担心而限制宝宝的主动探索。

研究发现，长期被大人要求不能乱动、习惯被动等待别人照顾的孩子，渐渐会缺乏主动探索的欲望和动机；父母采取开放态度、容许孩子尝试并且在错误经验中修正的教养方式，更有助于培养孩子的主动性。

如果孩子对学习缺乏主动性，也要依照不同情况来调整。首先找出孩子感兴趣的是什么，即便孩子只喜欢玩，仔细观察也能找出孩子偏好的倾向，以孩子投入时间最长、最能乐此不疲的项目为主，接着才安排由浅到深的阶段性学习目标。

孩子必须先对某种科目或才艺感到新鲜有趣，才可能投入时间和精力做长时间的练习。好玩可以引发孩子的新鲜感，但学习和单纯玩乐不同，孩子必须挑战没有做过的事情，遇到困难必须想办法突破，所以孩子最好能够充满热情，对任何新事物都可以接受。

当孩子不够主动，爸爸妈妈经常会感到沮丧，甚至说：“看着孩子磨蹭着不主动去做，我恨不得自己动手做了比较快。”孩子兴趣不高可能是没发现乐趣或不知从何开始，若能给孩子一点明确的指示配合动作示范，或许就可以让孩子主动起来。大人要先理解孩子不是被动，而是启动时间点还没有开始，帮助孩子提高反应速度才是根本的解决之道。

有关孩子先天特质的研究发现，有些孩子是慢热型的，在陌生环境中会先采取观望的姿态，确定自己能做到才慢慢加入。若从感觉神经系统角度来观察，这类慢热型孩子经常有触觉防御的表征，处在人多或不熟悉的环境中会不自觉地有神经紧张的反应，需要花点儿时间调整好身心状态，这个时候我们必须给孩子充足的时间，让孩子能够自信地展现出最佳的状态。

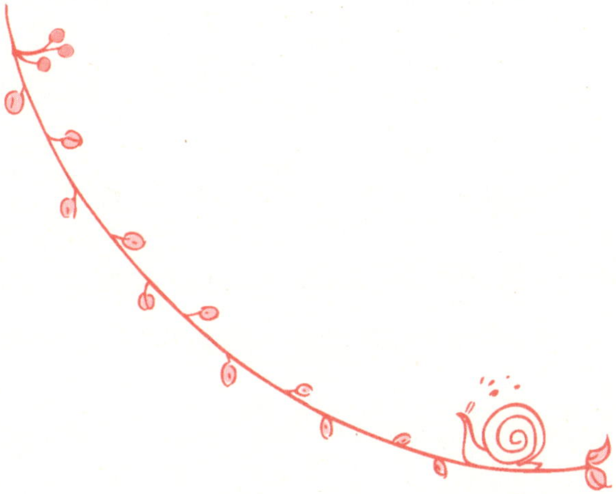

42

孩子很容易分心，做事无法持续该怎么办

“爸爸，那是什么声音呀？”

“妈妈，你在做什么？”

经常有孩子在玩游戏时比大人更容易听见屋外的声音，也会因为身旁有人说话而分心停下来。

“叫他写作业都不专心，东摸摸，西摸摸，怎么办呢？”

为什么孩子容易分心

孩子写功课时会玩桌上的东西，这是爸爸妈妈最无法忍受的情况。大部分的家长都希望孩子专心，不管是学习或做事都要又快又好，可惜只有少数的孩子能达到爸爸妈妈理想中的境界。这是因为孩子的听觉比较敏感，孩子视觉

周边视野比中间视野发育更快，所以容易被外界吸引而东张西望，大人也会感觉孩子好像容易分心，忍不住担心影响将来上课的专注力。

避免孩子分心的对策

想让孩子专心做事情必须内外兼顾，大脑抑制冲动的能力必须依赖孩子生理发育成熟，这是急不得的事情，所以爸爸妈妈需要耐心等待，孩子只有在大脑发育成熟才能做到有效学习。当孩子还不能有效过滤干扰之前，建议爸爸妈妈能为孩子布置一个固定的学习角落，不要把新奇的玩具放在孩子学习的桌子上，这样才能够避免孩子在画画、阅读或静态活动时，受外在因素的影响。

我们无法期待孩子能长时间维持安静，不懂孩子身心发展规律的家长为了让孩子快点做完功课会警告孩子："在功课没写完之前，不准离开椅子！"

这无疑是个无效的限制规定。原因是大人的指令缺少时间限制，孩子分不清楚当下必须做什么事情才是对的。天真的孩子拥有最充足的时间，因此大人急坏了，他们可以边玩边做事，身为主角却一点儿也不着急。

培养专注力先要让孩子有时间观念

父母可以在孩子能分辨数字后就教他认识时钟。让孩子在规定的时间内专心完成任务，开始练习时3分钟达成任务就很好，依照孩子的熟悉程度和年龄增长逐渐延长专注时间。幼儿园的孩子通常可以专心地投入某种游戏维持15分钟左右。在静下来玩积木、画画或听故事时，中途也不会突然站起来跑来跑去的孩子，便不算是特别容易分心。

孩子多半不喜欢枯燥乏味的反复练习，领悟力好的孩子也会有很好的联想能力，总想在游戏时加入更多的材料，不会安于一次只玩一种玩具。如果爸爸妈妈能耐心从旁观察孩子怎么玩，若是孩子翻出玩具箱忙个不停……大体上看起来也乱中有序，暂时不必过于紧张，或许将来还有可能成为创意高手呢！

小贴士

针对不同原因造成的分心状况有不同的改善方法，只有先耐心观察是哪种原因引起分心，才能帮助孩子改善专注力的问题。

◆练习时间是否超出体力负荷？

◆所处的环境是否有影像或声音干扰孩子的专注力？

◆孩子是否对这个主题不感兴趣或不理解？

◆孩子是否觉得这件事情太简单、太无趣？

◆孩子是否缺乏学习动机或参与动机？

43

为什么孩子很固执，非得照自己的方式玩

爸爸妈妈希望孩子有创造力，但创造力不是长大之后由老师教来的。每个孩子可能都有创造的天分，只是有些孩子会依照大人教导做事情，也许他们害怕犯错或还没有自己的想法。特别喜欢自己动手实验、也会自己动脑子尝试不同玩法的孩子，常被大人误解为不听话。其实我们换个角度思考，孩子喜欢照自己的方式玩是很难得的，他们也可能不会常常想要依赖大人帮忙，会比同龄的孩子更独立。

照顾者很可能一不小心就用了压抑创造力的方式来养育原本聪明的孩子，因为心急的爸妈都会忍不住想要动手给孩子做示范，同时不断纠正："你这个不对，那个才是

对的。”“你还小，这个太难了你不会，妈妈帮你会比较快！”于是长期下来，孩子会等着做个现成的“接受者”，凡事都要依赖爸爸妈妈帮忙了。

建议爸爸妈妈多包容孩子的“想自己做”，孩子想动手是主动性强的特质。

大人在儿童游戏活动时唯一要确保的是“安全性”，而不是完美零缺点。只要在安全而没有妨碍的原则之下，就可以让孩子放开手脚先试一试，即使做错也没有关系，重新再来就好。让孩子自己操作，通过观察和动手去发现为何没做好。事实上，孩子必须通过玩游戏来修正动作，唯有通过自己动手去操作才能真正理解吸收；否则无论大人花时间解释得多么清楚，孩子也仍然一知半解。

不是每个孩子都能按照大人规定的方法玩，要具备基本的语言理解能力（意思就是孩子必须听得懂），孩子本身的视觉、听觉和动作协调能力也必须同步配合。成熟而不冲动的孩子才能依照大人指令来玩。如果在3岁之前没有让孩子帮家人或别人的练习，当他和同伴一起玩时配合度不太理想时，父母也不必太着急，很可能是他经验还不足。

即便爸爸妈妈想要自己认真教，也要依照每个孩子不一样的发展成熟度来调整教导的方法和目标期许，不要过早给孩子安排超出能力太多的学习，活动时间也要视孩子的体力而调整；否则大人很可能会徒劳无功，甚至误以为孩子个性固执不肯听话。

44

孩子做游戏时很固执，不肯听大人教怎么办

孩子在做游戏时，安全是首先要关心的重点。孩子在做运动类游戏之前最好要做热身操，并耐心听完游戏规则。游戏过程中父母要关注孩子的一举一动，只有适时指导才能避免发生危险。除了陪同之外，教导孩子具有自我保护的意识也是必要的。

孩子做游戏、玩玩具无须大人教

如果游戏的性质无安全隐患，通常孩子在做游戏时父母不需要规定特定步骤，把安全的东西交给孩子自己玩就好了。父母只要留心就能观察到孩子探索实验的过程，有时孩子在做游戏的过程，还会出现许多令大人意想不到的惊喜。

若爸爸妈妈想激发孩子的主动性和想象力，给孩子新

玩具也是不需要大人事先教的。“不看说明书就乱玩可以吗？”“不教怎么会？”……这些都是不必担心的。玩具说明书是给大人参考用的，不会认字的孩子可以通过操作实验而得到新的体会，在操作中不断尝试才符合孩子的学习过程。

孩子在不睡觉的时间里就是一次又一次地玩各种物品，经由这些简单的过程学习认识身旁的人和事物，大人看起来单调又无聊的动作，孩子能够乐在其中，并获得学习与练习的效果。

尽管很多玩具在设计时可能具有寓教于乐的功能，但是建议爸爸妈妈无须把焦点放在孩子从每一次的游戏中能学到什么新的知识或本领，否则再好玩的游戏也会变得很无趣。

很多不喜欢跟爸爸妈妈一起玩的孩子会抱怨：“不公平，我都没有玩够……”原来是大人兴冲冲地给孩子买了新玩具，回家就忍不住想要示范给孩子看，孩子刚一动手做得不太好，大人马上又抢过来自己玩……搞到最后大人玩的时间最长，孩子反而成了旁观者。

亲子互动的时间，就让游戏只是单纯的游戏吧！太严格地纠正孩子要依照说明书来玩，可能会限制住一个有创造力的孩子，很多时候会造成亲子互动时的冲突。试着增加一点幽默感和想象力，大人和孩子就会更亲近。

45

孩子对交代的事情好像左耳进、右耳出，该怎么办

孩子能不能记住爸爸妈妈讲的话，除了本身的听觉理解能力和记忆能力强弱有关，也和孩子控制冲动的能力有关系。儿童和成人相比较而言，其大脑对于信息的判断和处理经验很薄弱。因此孩子无法完全记住爸爸妈妈讲的话，即便短期记忆能帮助大脑记住并且能够跟着复述一次，但随后孩子在执行的过程中，如果看到或听到更新奇的信息也很容易被吸引而忘记5分钟前所记住的指令。

类似这样左耳进、右耳出的情况，在幼儿阶段是很普遍的，等到孩子更成熟之后，抑制冲动的能力就会大大提升。

所以爸爸妈妈也无须担心孩子怎么这么健忘，儿童忘记大人交代的事情和老年人记忆力消退是完全不同的原因；如果孩子对于自己想要的东西可以记得很久、会一再提醒大人要什么东西，孩子的记忆力仍是正常的。

想调整孩子左耳进、右耳出的情况，可以在日常生活中练习。爸爸妈妈可以尝试通过以下简单的方法来培养孩子的观察力：

◇外出散步时和孩子一起说出认识的物品，例如商店招牌、交通标志。

◇拿5张扑克牌和孩子玩翻卡片的游戏，轮流请对方找出指定图案或数字的扑克牌。

◇和孩子一起聊聊白天遇到的事情，练习回想并把这些事情说出来。

孩子都想成为大人的好帮手，有机会动手的孩子会因为得到别人的鼓励而强化自发性的行为。如果大人总认为孩子年纪小还记不住，不给孩子练习的机会，那么孩子对大人交代的事情也不会特别在意。

有些妈妈会抱怨孩子记不住大人交代的事情，但从不放心让孩子自己做。事实上，无论是基于担心孩子做不好还是舍不得孩子太累，都是爱护过度，剥夺了孩子成长的机会。

对于孩子而言，他们会想，大人交代的事情就算没有达成，也会有人接着做完，那么何必自己动手呢？所以，爸爸妈妈都要避免自己一边不满现状一边又成为孩子养成不良生活习惯的推动者。

46

说过的事马上忘，该如何改善呢

如果孩子听了大人交代的事情总是很快忘记，父母可以加强训练孩子听觉记忆方面的能力，比如可以通过游戏让孩子回想一下看过的影像或听过的音频，因为具体的形象可以帮助大脑记住，会比单纯用语言来讲述更容易让孩子理解并且记得住。

有些孩子听完老师讲的故事可以很快讲给别人听，但有些孩子对两分钟前交代的事完全忘记了。通常大人会责怪小孩：“为什么不用心？”

孩子能否记住大人讲的事，可分成三个阶段：首先孩子必须能听得清楚，其次必须要知道对方说话的意思，最后才能作出正确的回应。

幼儿时期是大脑发育最快的时期，任何可以让孩子动脑又动手的活动都会为大脑提供新的经验刺激。所以当孩子的身体发展到可以独自行走、移动身体位置之后，孩子就需要大量的游戏活动。

直到上小学之前，孩子生理上需要大量的动态活动，能专注的时间自然就比较短，听大人讲话有可能只听到一部分而无法全部吸收，因此才会出现大人说过的事马上就忘掉的情形。

要改善记忆力就要先懂记忆是如何形成的

大脑研究专家通常把记忆分为短期记忆和长期记忆两种。长期记忆由大脑中的海马回掌管，对于和情绪有关的事情记得最久。而短期记忆又叫工作记忆（working memory），能够对信息进行编码和分类，当大脑接收到听到或看到的信息，经过判断形成意识后才能知道这是什么。

爸爸妈妈都知道熟能生巧的道理；很少有人在头一次接触某种新技能时就熟练的。脑内工作记忆处理信息的效能可以通过练习而变得更好。换句话说，脑子越用越灵，使用较少的大脑神经细胞突触连接会退化消失，所以有人说“脑子不用就会退化”并不是轻率的玩笑话，而是完全符合科学原理的。想改善记忆可以和孩子玩记忆和联想的游戏、词语接龙……可是根本上爸爸妈妈还要学着接纳一些不完美，别急着太快帮孩子做事情，让孩子有更多机会自己动脑想一想。

47

总是问个不停，该如何应对孩子常问为什么

当孩子进入会主动发问的阶段，表示他的大脑已经有意识地在思考和学习了，这是个很好的进步，只是有时大人可能因为正忙着其他的事情，难免被孩子吵得失去耐心。大部分孩子会提出问题表示有不了解的事情，若孩子经常发问，反而比没有问题更好，因为他们具有主动思考的特质，不会被动或对任何事情漠不关心。

然而也会有孩子明明知道答案，却不止一次问同一个问题……对于这种明知故问型的孩子，可能因为想要获得注意而提出问题，我们要从心理层面多给予关心，而不是单纯马上说出答案就能满足他们。

通常2岁左右的孩子最爱问：“这是什么？”这是进入语

言能力发展最快的时期，对于每种东西都有名字的事情感到很有趣。这个阶段的孩子喜欢重复看图卡的记忆游戏，爸爸妈妈可以和孩子一起玩，轮流把认识的图案说出来。

对孩子来说，能和大人对话、正确回答问题是很重要的，当孩子能够记住很多单字或形容词之后，下一个阶段就是练习讲出完整的句子。

能问为什么的孩子思想更成熟

想让孩子能言善道、表达流畅得体，千万别觉得孩子爱提问是件很烦的事情；因为叫孩子安静不要讲话，会压抑孩子练习和表达的机会。家有爱提问的孩子要教导他们学会判断什么时候讲话什么时候不讲话，也要教导孩子有礼貌地提问。少数喜欢提问的孩子，对学习语言的兴趣高，但不轻易外显出来。看似安静的孩子，也可能在陌生人面前不会回答，只是安静听大人聊天说话，回家后却向爸爸妈妈问个不停……总之，勇于发问是优点，如果爸爸妈妈愿意在孩子提问时耐心回答，孩子的生活常识也会比其他同龄孩子更丰富，而父母能做的是引导孩子持续保有主动学习的热情，请试着接受孩子的问题。但有时，父母不一定能提供正确答案，此时我们只需要支持孩子的好奇心，跟他说：“孩子，你问得好！爸爸妈妈也想知道，我们一起来想办法找答案吧！”

48

孩子满2岁还不太会说话，该怎么办

通常满2岁之后，就要进入儿童发展中的语言爆发期，如果孩子超过2岁还不会讲单字，大人必须特别关心亲子互动的时间是否需要调整，是孩子学习模仿的机会不够呢？或者是身体发育方面有异常征兆？爸爸妈妈可以先观察以下几个方面：

【观察1】是否让宝宝吃固体食物？孩子会不会经常流口水？有刷牙的习惯吗

依据过往的经验发现，若经常吃糊状的粥或太软的食物，很少做口齿唇舌运动，会间接影响说话能力。许多超过年龄还只能讲单音而不能说句子的孩子，都有“吃软不吃硬”的情况。照顾者还把孩子当婴儿来养育，长期没有练习吃固体食物，孩子的行为动作也会像小婴儿一样，等上了幼儿园才发现是个大问题。

【观察2】是否总在孩子需要之前就把东西放在眼前

每当孩子要东西时，爸爸妈妈可以先试着让孩子讲出来才把东西交给他，爸爸妈妈必须耐心重复讲出简单字句让孩子模仿发音。一定要坚持住不要太快就配合孩子的需求，因为如果孩子发现没有说话的必要，自然也就不开口说了。

如果照顾者自己平常就不爱讲话，拿东西给孩子之前，并没有说出物品的名称。孩子缺少听觉和视觉的经验，就算看见了也不懂“这是什么”，孩子语词的理解能力和生活经验有很大关系，所以必须经常和孩子讲话。

【观察3】孩子会主动拿玩具找大人一起玩吗？能不能按指令把东西交给别人

如果孩子总是无法配合大人的游戏，2岁半了还不会说话又独来独往喜欢一个人玩，也不会找爸爸妈妈一起玩或拿书要求妈妈讲故事，这就需要专业的发展评估了。请把握幼儿发展的黄金期给宝宝多元化的感觉刺激。如果孩子不会讲话但能依照大人指令做动作或配合游戏，暂时可以不必担心。

孩子的语言发展能力和孩子本身发育的成熟度有关系，更和成长的环境有密切关系。爸爸妈妈在照顾孩子的时候，常在第一年学习最认真，但随着孩子带来的新鲜感消失之后，对不同年龄孩子的身心发展情况的重视程度就逐年减少了，取而代之的是担心孩子“该去学点儿什么才好”……

其实，孩子必须先学会能够顺畅地和大人沟通，才可能听懂上课时老师所讲的内容。而学说话是每天在家就要练习的事，孩子能和爸爸妈妈一起玩，就是吸收能力最佳、最有效的改善方法。

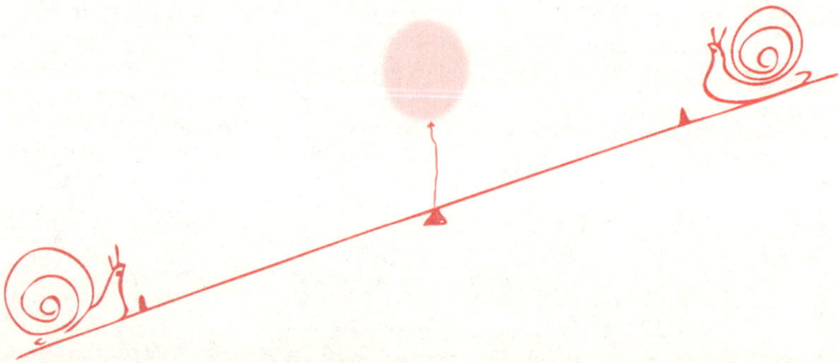

49

孩子说话结巴，要特别纠正他吗

成人在紧张时说话容易结巴，人们常忽略说话流畅程度和神经系统之间有关联性，而咬字发音的准确性和口腔肌肉唇舌控制的程度有关。在许多语言发展较慢的孩子身上，发现一个值得重视的现象是偏食和挑食的比例偏高，照顾者必须留意孩子饮食的多样化，让孩子有更多的咬合咀嚼练习。

孩子早在还不会开口说话时，大多已经能够听懂大人所说的简单指令。10个月左右的小宝宝会用摇头或摆手的动作来表示“不要”。孩子由于生理发育还不成熟，只能发出单音而不会说话。因此我们可以明白，孩子说话是否结巴，并不只是因为情绪紧张，也与生理发育有关。孩子的语言发展过程需要1~2年，从孩子能听见声音、听懂意思，到可以开口说话，能正确回答大人的问题……这一过程需要耐心等待，一点儿也急不得。孩子说话时会中断，需要再想一想才能接着说的孩子本身就会着急，爸爸妈妈千万不要纠正或取笑孩子说话时的结巴状况，可以和缓地做一次正确的示范，指导的原则是正确地说一次话让孩子记住。

增进表达流畅度的三个秘方

◇大脑反应训练：增加孩子游戏运动的时间，同时启动孩子视觉、听觉和身体运动的能力，例如让孩子连续拍球数数、配合跳跃节奏唱歌，类似的活动可以促使大脑进行快速的整合性反应，对于脑子思考和说话速度无法同步执行的孩子特别需要。

◇增加知识见闻：孩子说话时感到词穷，或者当不知道如何形容时，也会产生结巴或中断的情形。平时可以让孩子通过阅读或生活体验积累常识，在与其他人聊天时才能有丰富的知识可以举一反三。

◇环境适应练习：让孩子习惯和家人以外的人相处，才能够在陌生的环境中如同在家一样轻松自在地表达。

50

为什么孩子经常找不到东西，放在眼前的东西常看不到

由于孩子的注意力容易被外界刺激所吸引，所以许多孩子在找东西的过程中，经常会出现还没找到目标就玩起其他不相干的东西来了，也有些孩子最后还会发生忘记要找什么的情况，类似的行为常使爸爸妈妈忍不住发火。其实无论孩子或大人，都可能会有找不到放在眼前的东西的情况，很可能是东西放置在混乱的物品当中，或者被别的物品盖住了一部分而不容易发现等。

观察能力特别好的大人常会以为经常找不到东西的人只是不够用心、没有仔细看。其实，如果从生理发展的角度来

看，幼儿时期眼睛的视力和视觉知觉能力仍处于一个持续发育的过程中，即便是眼睛看到了，也不代表孩子能明确知道放在眼前的东西是什么，以及有什么用途。

在专业的视知觉研究当中发现，当孩子的视觉搜寻能力的发展不良时，比如将一本书放到放满书的书柜当中，他很难一眼就发现。有这种情况的人可能上网查数据也必须花更多时间、看书也容易找不到重点。

请不要责怪孩子：“为什么你不用心？”因为有些人确实花很多时间找了，可惜他就是找不到。对于这样的孩子不宜一再责怪或用言语刺激、取笑他，否则有可能会选择放弃努力而更依赖大人帮忙。

小贴士

怎样教出眼疾手快的寻物高手

1.学习认识生活中常见的物品名称。

2.在拿东西给孩子时告诉他这是什么。

3.和孩子讨论各种东西的外形特征，包括颜色、形状、质感等。

4.在孩子找不到东西时，说一些具体的提示。

5.经常玩寻宝游戏。

6.培养用完东西收回原处的好习惯。

51

为什么家里有很多绘本，但孩子每天只看熟悉的那本

家里买了很多绘本，为何孩子天天要求妈妈念同一本，想给换新书看无论怎样说服都不愿接受呢？许多孩子都有类似的喜好，总令爸爸妈妈百思不得其解。类似的情形常发生在2~3岁时，这是幼儿语言发展进步最快的时期，孩子对于单字、词汇的记忆力提高了，对于大人讲话和讲故事内容的理解力日渐增强，所以每当孩子听到重复熟悉的音乐或故事时，就特别有亲切感，孩子听到的和预期一样时，可以增强自信心，况且固定的家人陪读也具有安定情绪的作用。

根据心理学的研究发现，幼儿需要和家人建立安全依附

的关系，所以不少记忆能力佳的孩子其实早就已经熟记妈妈所讲的故事内容，更多时候他们需要的是那种大人陪在身旁、可以安心听故事的熟悉感。

鼓励孩子看图说故事

其实孩子喜欢同一本书并没有什么大碍。若想多些变化，可以鼓励孩子由被动的听故事者进步为主动拿书过来，和爸爸妈妈一起看图讲故事。

当爸爸妈妈发现讲故事如果不小心漏掉部分情节时，孩子还能够立即纠正，这时不妨尝试让孩子练习讲给大人听，无论孩子能否完整说出故事内容，都给予肯定和赞美："讲得真好，明天妈妈还要再听一次。"当角色互换之后，即便是相同的一本书，孩子也能获得完全不同的乐趣和经验。

如何让孩子爱看书

孩子对熟悉的图案或主题比较感兴趣，给孩子选的书不必印有满满的文字，图画往往更具吸引力。视觉经验比较丰富的孩子，看图联想的举一反三能力比较好。看书的习惯也可能会经由模仿而来，如果孩子能从小看到大人在阅读，就会模仿大人的动作，逐渐对文字感到好奇。

从两三岁开始，孩子就会经常问："这是什么？""这是谁的？"当您发现孩子常问问题说明他正处于好奇心最强、最想学习的时刻，这时候请耐心而清楚地回答孩子的问题。许多喜欢刨根问底的孩子，不喜欢别人以开玩笑的口吻随意打发他们，请和孩子一起找答案，并引导孩子慢慢去发现更多有趣的事物。

52

孩子对异性特别好奇怎么办

孩子经常以视觉、触觉作为主要的观察判断和经验积累的基础，观察力敏锐的孩子最容易看出男性和女性外表服饰和生理特征的差异。当孩子感到好奇自然会想多看一眼或忍不住伸手触摸……这些都是孩子在探索学习期的行为特征。

2岁左右的孩子就能学会认同自己的性别，并且尊重别人，但这时孩子还没有明确的性别概念。孩子看见新奇的事物总会特别好奇，异性和自己不一样的特征当然也是其中一项，所以孩子对异性特别好奇是很自然的发展过程，如同孩子看见新玩具会伸手触摸一样，爸爸妈妈只要以平常心看待即可，无须紧张。

通常孩子会对异性特别好奇，可能是生活中出现的异性较少。儿童遇到不熟悉的人和事物时，趋避反应都不一样：依赖视觉学习的孩子通常是远距离观望而不主动接近；但需要通过多重感官经验来学习的孩子就会想靠近研究，遇上这类型的孩子光听别人说是不够的，他们会忍不住动手触摸、仔细端详……对大人来说，紧盯着别人看是失礼的，但孩子的动作只是出于好奇想明白："为什么和我不一样？"

身体形象的认知发展在3岁左右形成

孩子开始学说话时就可以教导他们认识自己的身体，在谈话或游戏时引导孩子观察自己和爸爸妈妈有什么不一样，教孩子学习男生或女生是一种认同自己、认识他人的生活教育。

幼儿园阶段的老师会使用挂图或照片等辅助材料来让孩子明白两性外表及身体器官的特征，人类成长的每个阶段看起来都不一样，如同介绍动物、植物的生长，用上自然课的方式进行具体解说，孩子就能够理解而不再特别好奇了。

53

孩子不大方，常常躲在父母身后怎么办

大部分人会以孩子的个性活泼外向或害羞内向来看待孩子在陌生环境中的表现。个性的形成与父母遗传、孩子本身的感觉经验、家庭和文化环境等复杂因素都有关系，遇到孩子的表现和其他孩子不一样时，爸爸妈妈要学习冷静观察，这样才不会对经验不足的孩子施加更多的压力。如果大人一直催促孩子反而容易让情绪不安的孩子变得退缩或排斥。

当孩子遇到陌生人就躲在爸爸妈妈身后，可以让孩子先静静地观察，因为这时候孩子确实处在紧张焦虑的状态之下，我们要先让孩子知道身处的环境是安全的。

感觉系统与适应能力

“孩子不喜欢陌生人摸他吗？”

如果孩子会排斥别人握手、抚摸或身体接触，很可能偏向敏感防御的体质，特别容易对陌生的环境或人感到紧张。敏感型的大人或孩子都需要更长的时间才能调整身体的紧张反应，否则较容易心跳加快、呼吸急促。如果爸爸妈妈本身不是这种体质的人，便会误以为让孩子不听话或故意唱反调，其实孩子也想让大人称赞，但是他们没有办法在很短的时间准备好。

当爸爸妈妈发现孩子可能有这种情形时，可尝试减轻敏感的方法。帮助孩子降低触觉反应敏感的程度，每天给孩子做按摩让孩子接触各种不同触觉的刺激，照顾者也不要有过分的洁癖，鼓励孩子玩水、玩沙或手指涂画等，这些都可以让孩子的感觉神经系统作适应性的调节，改善之后就不会对别人的接触感到紧张害怕了。

建议爸爸妈妈让不安的孩子先做个静静的旁观者就好，等孩子确定新环境安全后才能展现自然的反应。在家和外面表现完全不同的孩子，确实会造成爸爸妈妈很大的困惑；若爸爸妈妈可以接纳孩子，理解孩子想要做好但无法马上进入状态的难处，内向的孩子最终也会在人群中展现自在和开朗的笑容。

54

孩子怕生黏人，可以改善吗

有些爸爸妈妈会为孩子特别黏人离不开妈妈的情况而烦恼，更因为担心孩子在陌生环境有压力，于是索性让孩子待在家；爸爸妈妈盼望孩子怕生黏人的情况能够随着年龄增长而逐渐改善；可是到了孩子要上幼儿园的年龄，才发现情形不仅没有改善，反而哭闹更厉害甚至不肯上学。

如果孩子从小就怕生，又长期和照顾者单独相处，缺乏与陌生人接触的机会和经验，上幼儿园时发生“分离焦虑”的调适期也相对更长。

研究发现，在婴幼儿时期能获得及时关爱而不被冷落的孩子，长大后比较有安全感。较有安全感的孩子能接受妈妈离开视线内，独自在房间内玩一会儿，不会因为抬头看不到妈妈而哭闹不休。有的妈妈为了保护孩子，眼睛几乎不离孩子，害怕一不留神孩子就会受伤，于是除了睡觉之外，无论做什么事情都要让孩子紧跟在身旁，孩子几乎没有离开过妈妈的身边，也从未与他人相处过。虽然这些认真的妈妈对孩子付出加倍的爱和时间，但很可惜，孩子反而可能因此而错失与别人互动的学习经验，这种现象值得爸爸妈妈想一想，并不是陪孩子时间最多就是最好的。

培养孩子的独立性

若想调整孩子黏人的情况，必须放手让孩子自己玩。天赋好的孩子很可能生来的学习特质良好，打从宝宝时期就能自己一个人玩半小时以上，不会中途轻易地站起来走来走去。当孩子能自己坐稳以后，给孩子一些可以摇出声音的玩具，大人坐在附近观察孩子独自游戏即可，当孩子想和大人一起玩时，就会把手上的东西交给别人。

爸爸妈妈可以参与孩子的游戏，但和孩子相处时，不要一直打断他的游戏。若大人一直想“教”孩子怎么做才是对的，常会导致大人和孩子都不想玩了。学习任何事物都要通过反复的练习，才能做出正确的思考判断和采取行动。想要孩子和陌生人相处融洽，也需要时间让他适应。若孩子已有怕生黏人的情况，要先提升自信心和独立性，爸爸妈妈的引导也须循序渐进，千万不能太着急。

55

孩子被玩伴欺负时，该如何处理

“我叫儿子要打回去，不能让人欺负……要让对方知道打人会痛就不敢再动手了。”

“我怕女儿被欺负，告诉她有委屈要找老师评理，可是她连找老师都不敢怎么办？”

“我儿子说同学常拿他的铅笔，他不会拒绝就随便让人家拿，这种个性长大之后会不会总是被别人欺负呢？真让人担心。”

爸爸妈妈都会担心孩子在外面受委屈、被别人欺负了，尽管每个人会依照自己的方法传授孩子自我保护的要领，可是缺乏经验的孩子还是免不了会遇上突发状况，爸爸妈妈无法24小时跟在孩子身旁教孩子该怎么做，所以我们就必须教导孩子掌握适当的应变之道。在少子化的家庭中，孩子受到大人百分百的呵护，长辈们会以包容的心设法满足孩子任何需求，因此孩子在入学之前几乎很少被拒绝，也很少有机会遇到挫折。一旦孩子开始和同伴一起玩，遇到不能如愿的情况突然就变多了：孩子得学习等待、轮流排队、和别人分享玩具。

爸爸妈妈会担心孩子受冷落或被欺负，但事实上，儿童社会化的行为需要积累足够的经验，孩子在做游戏时并没有大人所想的复杂心理因素，他们通过操作玩具或物品满足好奇，即便可能发生小小的冲突，在没有大人插手时也可以很快调节适应。

旁观型的学习，不怕被冷落

“我的孩子好像不爱上学，上课时别的孩子玩得很开心，他一个人坐在旁边老师也不理他，要不要停课呢？我总觉得老师不够用心，没有注意到有孩子被冷落。”一位妈妈对3岁儿子该不该继续上幼儿园而烦恼着。

大约3岁之后，孩子才能和玩伴一起玩组织性的合作游戏。在幼儿园小班的教室中就可以发现，即便幼儿在同一个房间内也是各玩各的东西，偶尔才会有一次短暂的交流。有少数旁观型的孩子喜欢在教室内静静地坐着，当他看见老师和其他小朋友玩，脸上表情也会露出愉快的笑容。视觉学习型的孩子，通常在人际互动中属于慢热型，总要别人的游戏快结束时才会想试一下；万一孩子是这种旁观型的，爸爸妈妈不必担心他们会被冷落，如果孩子看得很开心就够了，因为这种类型的孩子领悟力好所以不太需要动手，他们只要看见或听到就能很快记住，他们从很小起就显现出安静而专注的特质。

56

如何正确引导孩子与同伴相处

孩子喜欢和别人一起玩，但是玩游戏时又难免发生吵吵闹闹的情形。每当听见孩子说："他们不跟我玩。""我不喜欢。"爸爸妈妈很快会感到不满，个性较急的妈妈常忍不住为孩子打抱不平、争取权益；不好意思追问的家长就采取消极的保护措施，有人索性让孩子远离没礼貌的小孩，禁止他们在一起玩。但往往这两种方式都不符合孩子的期望，孩子还是很想和同伴一起玩，只不过当发生争吵不知如何化解时，才会有小小的抱怨。

冷静客观，查明真相

家长必须先弄清楚究竟孩子遇到什么情况，不要根据孩子说话的内容作判断，因为孩子还不能正确掌握措辞，光凭简短的对话很容易让爸爸妈妈产生误解。如果不让孩子跟同龄的玩伴一起玩，孩子反而会觉得很无趣。

为何孩子比较喜欢和大人玩

孩子无法顺利表达自己的意思时通常会用动作来表达，当想法无法达成时，脸上很自然会流露出失落的表情，主要的照顾者可以从孩子的眼神或动作判断出孩子的需求从而满足他；可是孩子们相处时，其他同伴就无法像家人一样细心地读懂孩子的想法，不能凡事顺着自己，这会让还不会表达的孩子不知所措。

主观意识较强的孩子喜欢有主导权、不喜欢被冷落，经常在第一时间争取表现。如果有机会和年纪较大的人一起玩，相对会比较容易受到关注，因为不会有人过来拿走玩具，孩子也不需要和其他玩伴争取什么。

但是孩子终究要上学，所以必须练习和同龄的孩子相处。我们可以引导孩子体察他人情绪，分辨出别人是开心还是不开心，要让孩子愿意分享、愿意等待、具有同理心和乐于帮助别人。

爸爸妈妈必须让孩子从小就养成主动帮助家人的好习惯，举例来说，我们可以让孩子在吃东西前先拿给年长的人、与家人和朋友分享好东西；如果大人总让孩子自己先吃，爸爸妈妈和爷爷奶奶都是最后才吃孩子吃不完的食物，很可能会养成孩子以自我为中心、不懂得察觉到他人需要的任性行为。管教孩子必须懂得拿捏收放尺寸，不可过分溺爱，如此才能激发孩子善解人意、体贴别人的善良天性。

57

孩子动不动就打人怎么办

孩子们相处难免会发生冲突，当孩子进入幼儿园后就必须学习如何与其他人沟通，孩子们必须设法沟通协调而不是用暴力达到目的。

幼儿在还不能清楚表达自己的想法时，如果遇到不熟悉的事物就会下意识地伸手做出推、拍等防卫的动作。若我们懂得孩子还不能精准地控制身体动作，就能明白孩子玩游戏时动作幅度过大，多半是出于无意识的反射动作，孩子并不是故意要打人的。

尽管如此，爸爸妈妈也不能因为孩子不是故意犯错，就姑息这些粗鲁的动作，认为孩子长大就好了。从感觉统合的发展角度来看，孩子无法掌握力量，是可以通过练习变好的；但如果没有及时调整，孩子和其他人相处时就会显得异常，也容易引来别人奇怪的眼光。

针对和别人相处常有粗鲁动作的孩子，也要按照不同的原因有针对性地教导。

不会控制动作的孩子

我们要让动作幅度太大的孩子学习控制力量，能准确掌握距离感和速度感是有必要的。指导这类型的孩子不要一直挑剔他们做不好，因为他们也想动作轻巧，但身体就是无法正确掌握力道。孩子更需要正确的动作示范，也需要有重复模仿并且调整姿势的机会。

用夸张动作来吸引人的孩子

语言表达能力好的孩子很会说服别人，通常用语言来引人注意，但是不善于语言表达的孩子则常常用夸张的动作来吸引别人注意。在儿童成长的过程中，孩子的学习会先由动手触摸开始，有时候孩子只是好奇想伸手示好，或需要别人响应而伸手拍打。爸爸妈妈必须教导孩子正确的表达方式，而不是将打人的动作当成游戏。

有时我们能见到妈妈正忙着和朋友讲话，孩子想引人注意而不断用力拍打叫喊。遇到这种情况时必须先暂停手上的事情，请孩子立即停止打人的动作，让孩子缓和情绪慢慢说清楚，并且告诉孩子拍人或大叫都是不对的，说话要说清楚别人才能听懂。

58

为什么孩子对朋友很好，对自己的弟弟妹妹却很凶

通常，人们和不同的人相处时会依对象而调整互动沟通的方式，比如，在和陌生人说话时的语气也与和家人说话时有所不同，大部分人会懂得在外和别人相处时要适当控制自己的情绪，而不是直接而强烈表示反对意见。同样的道理，孩子对朋友和家人说话互动时的讲话语调或态度不同也是正常的，这代表孩子的心智发展有进步，开始懂得家人和外人有区别，与他们的相处模式要有所调整。

我们教导孩子养成尊重他人的习惯，并非鼓励孩子在外要委屈自己、回家之后便为所欲为而不尊重家人。从小不管

是对弟弟妹妹还是对长辈说话都要有礼貌，听到孩子说话的口吻不对时就要及时给孩子示范正确的沟通方式。

孩子说话的语调和习惯用语是日积月累而成的，孩子和弟弟妹妹相处的模式也是模仿而来的。大人在心情不佳时可能会不自觉地对亲近的家人说话比较大声，或遣词不当，年幼的孩子不能判断什么话可以说、什么话不恰当，偶尔就可能在说话时用到不文明的语言。听到孩子讲出失礼的言辞时不必马上生气，因为很可能孩子并不清楚这些词句的真正意思。爸爸妈妈要告诉孩子哪些话不能说，否则会令人产生误会。

爸爸妈妈可以先观察孩子为何对弟弟妹妹讲话时会特别凶，有时孩子只是想吸引大人的目光，获得注意而已。

老大也需要关心

家有两个孩子，就无法避免孩子之间发生争执，当孩子意见不同的时候，通常他们也有能力调解而不会一直打闹下去。大部分成人不太能忍受孩子吵闹，会要求年长的孩子让着弟弟妹妹，如果在沟通时没有充分理解孩子之间为什么发生冲突，就有可能对年长的孩子产生误解。

59

孩子不跟人打招呼

孩子不肯跟人说话和打招呼常让大人很尴尬，分明出门前在家再三交代见到人要有礼貌地打招呼，可是孩子每次见到陌生人就会放不开，爸爸妈妈还会为了是否要强迫孩子打招呼而争吵起来。

如果家中宝贝也有这类情况请先别着急，因为有些孩子是因为紧张而表现失常，请不要责怪容易紧张的孩子不懂礼貌。这时候爸爸妈妈千万不能火上浇油，一再催促只会让还需要调适的孩子更焦虑而说不出口。

孩子一般在1岁半左右已经可以叫爸爸妈妈，也可以模仿大人说出单音节。让孩子叫“阿姨”，可以发出最后一个字音。尽管还不会说话的小宝宝见到熟悉的人也能微笑，用表情和动作与别人互动沟通。如果孩子在家说话时表达的能力并不差，只有在陌生人面前或陌生环境特别怕生，大致还在正常的发展阶段当中。

爸爸妈妈或其他照顾者平时必须增加和宝宝说话的机会，经常教宝宝认识家中的物品，让宝宝在2岁时能回答类似下面的问题，“这是什么？”“这是谁的？”“借我玩一下好吗？”

千万不要以为孩子在家和大人很有默契就没什么问题，“孩子不和陌生人讲话没事呀，这样才不会被坏人带走。”遇到家长因为担心安全而禁止孩子和陌生人讲话时，我会提醒有可能会保护过度的家长改变一下教养的方式，因为孩子长大后需要上学，当老师问话时必须对答如流，同时更要学习用语言和其他小朋友沟通，孩子终究必须学会和别人分享，并且懂得争取自己的权益。

因此，我们有必要多带孩子出门参加社交活动，增加和陌生人相处的机会，即使孩子需要比较长的时间适应环境，大人也要耐心地鼓励孩子。请不要逼迫容易紧张的孩子，否则容易让孩子更加焦虑不安。建议家长让怕生的孩子先看看别人在玩什么，设法引起好奇心，孩子就可以主动地接近新朋友。

60

孩子的人际关系不好怎么办

不懂如何跟同学相处是许多孩子不喜欢上课的原因之一。孩子上幼儿园之前，和大人生活的时间较多，除非刻意安排，否则少有机会能和年龄相近的孩子相处。虽然年龄相近的孩子在一起很难避免摩擦、争吵，但多数儿童可以找到方法和其他小朋友沟通；当孩子遇到争执时即便大人不出面调停，孩子也能找到适当的相处模式很快玩在一起。

通常，孩子在2岁前就可以配合家人说话作出正确的响应，能听从大人的游戏规则，也能理解他人的意思，并学习如何跟人沟通了。尚未入学的孩子在家多处于被帮助的状态，即使孩子和家人相处融洽，也并不代表上学后能与其他孩子和谐相处，例如，幼儿许多的行为动作都是直觉式的，想要什么就动手拿，还不习惯先征求别人的意见，如此一来，小朋友之间就会产生冲突。最常见的是孩子们为“这是我的”发生争吵，孩子无意中可能侵犯别人的利益而不自知。

如果大人凡事都尽量优先满足宝宝的需求和欲望，未随着孩子长大而调整方式，习惯被照顾的孩子长大后有可能会以自我为中心，不懂得主动关心别人。缺乏同理心或本位主义强的孩子，和别人沟通时习惯采取强硬的方式，外人不会像家人一样配合孩子的情绪和态度，当无法获得其他小朋友认同时，自己也会产生失落感。爸爸妈妈必须让孩子明白，不是送礼物给别人就可以交到好朋友，学习关心别人，无论在说话或待人接物都要有礼貌，这样才能成为受欢迎的孩子。

小贴士

教出人见人爱的贴心小孩

1.教孩子学会观察别人的表情。

2.教孩子学习正确的表达和沟通方式。

3.教孩子懂得主动关心别人。

4.有礼貌，常说“请”“谢谢”“对不起”。

5.常怀感恩的心，懂得和别人分享。

第3章

教养中的几种基本训练

61

如何教孩子刷牙

孩子大约在1岁半时，就会因为好奇而想学爸爸妈妈拿牙刷自己刷牙，这个时期正是让孩子养成刷牙习惯最好的时机。担心孩子刷不干净而阻止孩子自己刷牙，便会错过孩子主动学习的机会。

牙齿保健是维持身体健康的基础，在生长发育最重要的前几年一旦发生蛀牙，就会影响孩子吃东西的咀嚼咬合能力，不管是狼吞虎咽还是拒绝吃太硬的食物等小状况，都可能衍生日后的挑食和营养不均衡等潜在问题，所以爸爸妈妈千万不能因为孩子的乳牙掉了还会再长出来而忽略了刷牙的重要性。

还没长牙也要刷牙

教孩子刷牙不需要强迫，随着孩子长牙的进度，照顾者必须采用渐进的方式来教会孩子刷牙，并让孩子意识到主动刷牙是自己要完成的事情；如此一来，维持口腔清洁就会成为一种生活习惯，不是为了应付大人。

从婴儿时期就开始，即使还未长半颗牙，也要用纱布蘸水为孩子清洁牙床。有些孩子口腔触觉比较敏感，刚开始会排斥纱布的触感，这时候爸爸妈妈就要想办法调整力道，让孩子适应不同的刺激。为婴儿做口腔清洁还能预防孩子长大后觉得牙刷刺激牙龈而强烈排斥刷牙。当孩子习惯了这个动作，就可依照乳牙生长的情况，更换为儿童牙刷。

感觉对了，就不会排斥

当孩子感觉不舒服就会排斥刷牙，大人常会警告孩子不刷牙可能造成的后果，然而对幼小的孩子而言，出于善意的警告或规定都不足以起到教育效果。

建议爸爸妈妈让孩子自己拿牙刷，而不是一直被强迫刷牙，孩子在情绪放松的状态下，才能逐渐适应刷毛与口腔内部接触时的感觉，他们才能知道牙刷的刷毛有点儿毛毛的，可是并不会让人受伤。孩子总想要和爸爸妈妈一样，所以大人要传达出刷牙是有趣的信息。带孩子一起去选购专用牙刷，引导充满好奇心的孩子对刷牙产生兴趣，这样教孩子刷牙便会是一件轻松而自然的事情。

62

如何训练孩子上厕所

许多孩子常会在玩得很投入时，突然弯着身子大喊：“肚子好疼……”爸爸妈妈看见孩子痛苦的模样也跟着紧张不已，其实孩子可能只是尿急想上厕所，因为说不清楚才会大声喊叫。若孩子不会主动提前说要上厕所，总会让大人措手不及，所以新手爸妈索性就让孩子包着尿不湿，才不会临时手忙脚乱……

到底要不要训练孩子自己上厕所呢？多大时开始训练呢？

每个孩子的生理发展成熟度不同，当孩子对身体变化的敏感度变好了，就能用动作或语言来提醒照顾者他的生理需求。爸爸妈妈要教导孩子学会自己上厕所，但不要采用强迫的训练方式，如果用强迫或恐吓的方式威胁孩子反而会让孩子失去安全感。

让孩子发现身体的感受并学会表达

幼儿的神经系统和肌肉的控制都还不成熟，当孩子说要上厕所时可能就来不及了，他们还无法控制好自己的神经系统和肌肉。通常只要稍微细心，就能提前观察到孩子动作中透露出的信号。

小贴士

训练孩子独立上厕所，您做对了吗?

◆观察孩子的表情和动作变化，能够及时发现孩子想上厕所。
◆教导孩子自己穿脱衣服。
◆教会孩子正确洗手的方法。
◆教孩子正确使用厕所的设备。
◆孩子能够爱惜公共设施，不会任意破坏。

63

训练孩子的自理能力：先让孩子自己穿鞋袜

孩子突发的状况很多，爸爸妈妈经常为了出门前的准备工作很多而埋怨孩子耽误时间。教导孩子在出门前自己做好准备，就可以让全家每天出门或放假出游时，保持良好的情绪而不容易产生争执。

父母如果先懂得孩子的动作发展顺序再来教孩子，就会容易许多。

一般来说，孩子是先学会脱鞋子，再学会穿鞋子的，学习穿鞋又比练习穿袜子更容易。所以在孩子循序渐进地从初学到熟练的过程中，爸爸妈妈不要着急，要让孩子有足够的练习经验，才能掌握好手指的施力和控制方法。

孩子手掌抓握能力发展时间很早，很多孩子还没学会走路就已经学会动手把鞋子脱下来。让孩子习惯出门前要先把鞋子穿好，因为鞋子有保护足部的作用，也可以让想学走路的孩子模仿大人的样子，适当的运动更有助于身体大动作的发展，让孩子情绪稳定不容易哭闹。

就动作成熟度而言，上幼儿园小班的孩子能够自己穿换鞋子了，而同年龄未入园的孩子，可能到了入园之后才发现动作慢、跟不上其他同学。为了孩子进入团体学习时有更好的适应能力，父母应该通过训练来提高孩子动作的灵巧度，避免产生眼高手低的失衡情况，而提高孩子的认知能力倒是其次的事情。

训练孩子自己穿鞋袜

若孩子已经超过年龄还无法自己穿好鞋袜，爸爸妈妈首先必须改变照顾孩子的习惯，要练习放手，让孩子从错误经验中设法找到更好的修正方法，这样孩子才会一天天进步。

让孩子练习穿袜子也可以成为一种游戏，任何技能都必须重复很多次才能达到熟能生巧的程度，所以练习过程中要保持轻松愉快的心情。如果孩子练习时大人在旁不断催促或纠正，孩子会对自己还无法做好的事情在潜意识中作负面联结，以后就更讨厌做这件事了。

让孩子自己穿鞋袜是一种生活自理能力的训练，也是生活教育的一部分。孩子进入幼儿园之前，可以开始教导孩子依照不同的场所选择得体而适当的穿着打扮，户外运动时要穿着有保护功能的运动鞋，正式场合不能穿着轻便的拖鞋等。总体说来，只要让孩子不断练习，就能逐渐减少在出门前的等待和不愉快了。

64

训练孩子的手眼协调能力

简单来说，手眼协调能力的强弱，和孩子的大脑在处理影像和信息后，能否通过双手操作达成执行目标的正确性很有关系。如果孩子知道很多、可是动手的能力没赶上，孩子会比较依赖大人来帮忙；与同龄孩子相处时，也会显得动作较慢而跟不上其他小朋友。有时家长会误以为孩子不想玩而不在意，孩子如果做不好就会失去耐心，若是很会讲话的孩子还会跟大人抱怨不好玩而逃避练习。

在教导孩子时，不要仅凭孩子说的话来判断孩子喜欢或不喜欢，因为每个人都希望获得成就感，而选择熟悉的方式来进行。从教导的角度而言，孩子“动作慢”和“不够好”

深层的意思也透露着孩子还未熟悉，尚且需要更多次的练习才能修正不完美的地方；所以爸爸妈妈必须耐心给孩子鼓励、增加自信心，才能让单调乏味的动作变得好玩又有趣。

缩小目标，体会练习的乐趣

帮助孩子手眼协调的游戏平时在家就可以练习，活动的时间不需要很长，但是必须配合孩子的动作发展能力而设定目标。先让孩子有成功的经验之后，再慢慢调整难易度，如果爸爸妈妈设定的游戏难度太高超出孩子能达到的程度，可能会降低孩子参与的动机。

小贴士

轻松在家练习的手眼协调游戏

让孩子把糖果一颗颗收进瓶罐中，数量可依孩子的年龄而调整：

- ◆定点投沙包游戏。
- ◆握笔涂鸦、玩着色图画。
- ◆和爸妈一起玩折纸游戏。

时间长短要配合孩子的体力和专注时间，只要掌握孩子在完成后还想再玩一次，就可提高孩子主动参与的积极性，如此学习的效果才能事半功倍。

65

训练孩子收拾东西，保持整洁

如果善用孩子天生具备的模仿能力，教孩子收拾东西则是一件简单的事情。最好从1岁起就开始教导，若爸爸妈妈愿意相信孩子有能力自己收拾，就会教养出勤快的孩子。

孩子在学校勤劳，回家却什么也不做

“妈妈还是觉得自己做比较好，反正我做什么她都不会满意。”一位喜欢帮老师做事的孩子这么说，他下课回家不想收拾，也不必收拾，因为在家里完全就轮不到他动手，还被大人认为笨手笨脚的，但他在老师和同学眼中是个热心助人的好孩子。

在家和在学校的表现截然不同，这样的孩子还真不少，或许与家庭成员的互动模式有关系：很多妈妈经常会抱怨孩子玩具乱扔，自己的东西找不到，但是往往才开口叫孩子将玩具收好，还没等到孩子全部物归原位，就边骂边动手打理……这样的管教行为让原想帮忙的孩子放弃行动，因为孩子发现只要忍耐妈妈唠叨一会儿，无论做什么困难的事情很快都会有人出手做好。

教孩子收拾东西的方法和步骤

教孩子如何将东西收纳整齐方便下次使用是有学问的。而且观察孩子如何收东西，也能让父母大致发现孩子本身的个性、认知能力和生活经验。

多数年纪小的孩子在听到“收玩具”的指令后，常把全部玩具扔进大箱子里就大喊：“我收好了！”但有些孩子会记得把东西一一放回原本拿出来的地方，还能按照大小或颜色做出分类。

不必经过大人指导就有分类和排序概念的孩子，通常观察力很好，玩游戏时也会动脑筋，不会显得杂乱无章。相反，对于还不会把东西收拾得井井有条的孩子，爸妈必须重复说出很明确的指令，例如：“请把玩具车放在柜子上，把球放进篮子里……”孩子听到后如果没有做好，要请孩子再做一次；确定孩子听懂了，并且做到后才能离开。即便孩子还不会说话，他们每天观察大人的行为就有记忆的能力，因此孩子究竟多大之后能养成收拾东西的好习惯，会受到家庭熏陶和后天学习交互作用的影响。

66

训练孩子做家务

教导孩子做家务是生活教育的基础，绝大多数健康的孩子都会希望自己可以动手，我们经常可以见到孩子会模仿大人擦桌子或扫地的动作。对孩子而言，能像大人一样不必凡事依赖别人，是件值得骄傲而令人期待的事情。

要教孩子做家务

可惜大人常会不经意地对想要帮忙的孩子说：“你还小不懂啦，别管大人的事。”或许大人是出于善意不希望孩子太累，但也可能因此而压抑了孩子主动想参与活动的动力。

原本热情的孩子在成长过程中，如果一而再、再而三地被泼冷水，家人又溺爱过度而限制孩子练习的机会；等到进入小学之后，当学校老师发现孩子没办法和同学一样把书包收好，也不懂得如何维持自己座位的清洁时，反而会让孩子在团体学习中丧失自信心。

当孩子主动要求做家务，就是放手让孩子参与的好时机；至于孩子做得如何，相较之下，是次要的。

怎样训练孩子做家务

在孩子练习做家务时可以提供比较明确的示范和指导，让孩子能够记住一些简单的要领，而最基本的操作之前，必须加强孩子身体动作的灵活度，当孩子能达到手眼协调之后，做起事情才能得心应手。

总之，孩子学做家务和学习任何才艺课程一样，都应该遵循着由简入繁的原则。父母应该先让孩子参与成功概率较高的活动，例如擦桌子、折衣服等，让孩子模仿大人的动作，等待熟悉之后再由孩子独自完成，大人只需要从旁赞美就足够了。

从小玩完玩具后就马上物归原位，还能主动做家务的孩子，在5岁半左右就能成为妈妈的好帮手。做家务也是一种解决问题的能力，是一切学习的基础。如果孩子很聪明但不会做家务或做不好，那么我们不必先怀疑孩子能力不足无法做好；如果孩子精力旺盛，玩起游戏来领悟力和反应也很敏捷，那么请无须担心，孩子只是缺乏锻炼的机会，坚定不移地让他继续练习便可以达成目标。

第4章

让孩子更愿意合作

——有效的管教技巧

67

怎样教出贴心的孩子

贴心的孩子懂得关心家人和朋友，他们都具有敏锐的观察力。正常的情况下，婴儿对照顾者的脸部表情有很好的观察力，我们能发现1岁左右的宝宝见到有人流泪时，会主动做出安慰别人的举动。由此可见孩子与生俱来就具有同理心，万一大人常对小孩说："你还小不懂事，管好自己就行了。"慢慢地，孩子就失去主动帮忙的热情了。

有位被爸爸认为被动而不懂事的孩子，在跟我第一次见面时说出他心中的无奈："老师，我其实四年级就会倒水了，很可惜，奶奶都不让我帮忙，我不想被骂什么都不能做。"这是一个真实的案例，听完孩子的话让人很放心，他是个本质善良的孩子啊！每个孩子都想获得大人赞美，大人由于担心孩子受伤而保护他们，可是当孩子长大后就要放手让他们有为家人服务的机会，更要让孩子因为可以帮助别人而产生自信心。贴心、善解人意的行为习惯是在日常生活中培养起来的，不少被别人照顾周到的小孩，缺乏主动帮助别人的机会，试想如果本身的自理能力都不足，如何能细心发现别人有什么地方需要帮助呢？即使孩子发现别人需要帮忙，也需要有足够的经验和能力才能做好。

小贴士

教养贴心小孩的5大原则

1.吃东西时要先拿给爷爷奶奶和爸爸妈妈，然后孩子才可以吃，从小建立长幼有序的观念。

2.让孩子学习与家人分享，不是家里所有东西都由孩子独占。

3.看到爸爸妈妈或其他家人在忙，要主动上前询问：“要不要我帮忙？”

4.制造需要孩子帮忙的机会，让孩子练习做简单的家务。

5.经常用鼓励的话和孩子交谈，孩子会模仿大人说话，当别人遇到挫折时他就会主动去关心问候。

68

学会当孩子的听众

有些孩子天生具有很好的声音模仿能力，能主动模仿大人的声音，他们学会开口说话的时间比较早，喜欢听大人说话而且会主动发表意见。幼儿语言发展比较好的特征需要被大人欣赏才有机会进步，否则天生有语言学习天赋也可能被忽略。一些爸爸妈妈工作太忙无法一直回答爱发问的孩子，反而会觉得爱说话的孩子很吵。他们不想回答孩子问题时甚至还会要求孩子乖乖听话就好。规定孩子听大人的话，要求孩子不要意见太多，这些做法会压抑孩子想要主动表达的内在动机。

自从电子产品普及之后，人和人面对面说话的时间越来越少了，我们可以经常见到大人、孩子在通勤乘车、聚会吃饭时间都忍不住会低头看手机。在都市中，生活节奏紧张的爸爸妈妈和孩子相处时间更少，因此全家人能够坐在一起聊天的时刻就显得十分珍贵，通过交流，彼此之间的感情会更深厚。

孩子学习说话时必须经常练习才能说得流畅，喜欢听并不代表完全听得懂内容。许多家长常会担心孩子不会写作文，但不知道文字表达能力和语言发展也有关系。儿童的语言发展必须经历听、说、读、写四个阶段。妈妈每天播放生动精彩的有声故事，孩子不一定长大后就会喜欢阅读，更不能保证孩子和他人交谈时可以流畅地表达自己的意思。

上小学后听觉学习和视觉学习都很重要，如果错过口头训练和文字阅读的学习经验，孩子在书写句子或文章时便会肠枯思竭无法下笔。入学之前的孩子最好能学会和他人互动沟通，能听懂大人的问题并且完整地表达自己的意思。

不可中途打断或批评

在孩子开始学说话的几年中，爸爸妈妈要耐心倾听孩子的声音，经常鼓励孩子表达自己的想法，由于孩子的思维模式和大人的习惯不同，反应较快的孩子常会有天马行空的创意和新点子，大人应先排除既定的思维模式，学习倾听而不要太快批评或打断孩子说话。若可以让孩子在没有压力的情况下说出自己的想法，有时我们还会惊觉原来孩子比大人更具有敏锐的观察力。

想培养孩子良好的语言表达能力，且能自信大方，就必须从小培养孩子独立思考能力，平时鼓励孩子学习和他人沟通的方式、掌握说话的时机，不要任意插嘴等。爸爸妈妈应先学习做个热情的听众，慢慢就能鼓励孩子更乐于和他人分享自己的经验。

69

倾听孩子的心声

孩子在还不会说话时就有自己的想法和需求，比如不肯让大人喂食、只想要自己挑选衣服……许多生活上容易引起亲子冲突的小细节，爸爸妈妈常会为孩子不肯乖乖听话而生气，然而如果我们从儿童心智发展的角度来看，这些似乎都是优点，因为这意味着孩子想要自己动手而不肯继续被照顾，已经显现出孩子长大而独有的思考和行动能力，不再是个只能被照顾的宝贝。

孩子的行为和动作会透露出许多信息，爸爸妈妈要学习解读，要懂得孩子还无法完整表达出来的话，而不是一再追问孩子：“你为什么不好好讲清楚呢？”

我们无法期待经验不足的孩子完整说出自己想要什么，爸爸妈妈要设法引导孩子说出自己遇到什么样的状态。如果大人控制不住情绪而大声斥责，反而让孩子更紧张而不知所措。倾听孩子的声音不仅要有耐心，还要有敏锐的观察力。儿童在智能、体能和心智能力的发展方面有时会出现发展不均衡的状态，爸爸妈妈往往觉得孩子很聪明，可惜比较固执不愿接受别人的指导。亲子间的争执通常是在“孩子不听话”等情况下发生。

有些聪明的孩子对自我要求也会比较高，在竞争激烈的城市生活的孩子们，语言认知等方面受到启蒙教育的时间较早，如果又因为长期缺乏运动机会，导致身体动作协调能力还未达到同龄孩子的常态标准，已经懂很多、内心想要自己更好而被别人称赞的孩子，就会对自己达不到理想的样子而生闷气……

教养孩子之前，我们必须懂得孩子的成长是渐进式的，从身体动作、语言智力、情绪等方面需要积累足够的经验，所以爸爸妈妈必须为孩子提供各种类型的活动，增加孩子亲身参与体验的机会，鼓励孩子说出自己的经验和感受。

幼儿时期是孩子想象力最丰富的阶段，也是教导孩子学习遵守游戏规则、建立价值观的时期，因而爸爸妈妈要把握好管教和启发的尺度。每个孩子都有不同需求，倾听孩子的声音，可以让我们在教导孩子之前能更安心，进而减少烦躁和压力，充分享受到亲子相处时的快乐。

70

科学启发与诱导，孩子就会让你刮目相看

“好难啊！”5岁的帅帅看见老师拿出拼图散放在桌子上，大声抗议。口中说困难时眼睛却直盯着桌上的东西瞧，显然不是真心想拒绝。

“老师觉得这对你来说算是简单的，我相信帅帅自己可以拼出来。”

只见男孩调整姿势重新坐正，没过多久就轻松地把拼图完成了。

“真棒！谁教你玩拼图的？在幼儿园玩过吗？”

“我自己会的。”

果然，又是一个喜欢引人注意的聪明小孩。

遇到问题先叫累叫难的孩子有不少，但会大声喊困难的孩子通常会因鼓励而调整注意力，再次集中精神来想办法解决问题。帅帅在拼图的过程中不止一次说“很难”，然而手上的动作并没有因此而停下来。

无法找到解决问题的方法的孩子，通常不太好意思主动发问，爸爸妈妈在观察到孩子真的不懂时可以给一些更具体的提示和诱导。而通常会大声说难的孩子，很可能是出于不自觉的习惯反应，嘴上说困难并不是真的无法做到，或许只是还不想动脑筋，也可能需要别人看到他的努力而发出信号，其实是希望获得别人的赞美。

孩子的实力和爸爸妈妈所见的有时候并不相同，许多孩子在家常常是显得松懈依赖，到了学校或团体活动却能发挥出爸爸妈妈从没见过的实力，其中最大的原因是家人总觉得孩子还小，而有经验的老师更懂得用赞美和鼓励来开发孩子的潜能。

对孩子要有期望值

“帅帅是个活泼热情的孩子，请问你对他有什么期望值呢？”

帅帅妈妈说：“我想这孩子可能真不够聪明，学习时经常会跟我说很难或很累。我不想给孩子压力，也并没有期望他成绩一定要多好，小孩子开心就好。”

其实每个人内心都希望自己更好，也希望争取别人的认同，但帅帅妈妈的想法可能会促使孩子在家会不自觉地叫难或喊累。因为只要喊难就可以不必做，自然没有必要浪费时间做动脑或动手的事情，久而久之，原本聪明的孩子就不再主动勤奋了。

教导孩子光有爱和耐心还不够，爸爸妈妈要懂得用好的方法来引导，才能教得轻松、学得愉快。引导孩子发挥天生的好奇心，孩子就会让你刮目相看。

71

尊重孩子的个性特点

“请问老师，为什么大人要规定坐着背书呢？”

“你喜欢在家背书的时候能在房间走来走去对不对？”

“对啊，坐着不动我就会不舒服……”马克鼓起勇气对我说出心中的疑惑，据说学校老师和家人都认为他是叛逆的孩子。

孩子身体姿势和动作透露着信息，马克真心希望自己有好成绩，可以获得大人的赞赏；但是他的学习方式比较特殊，需要配合身体动作来帮助记忆，回答视觉记忆类的测验时虽然小动作很多，然而答案的准确度很高。可是大人无法理解他为什么动来动去。

学习的方法有很多，每个人都应该找到适合自己且效率最高的方法。

马克长得瘦高而结实，从一开始坐下操作计算机就不断转动脖子和肩膀，还会忍不住变换坐姿。短短5分钟不到，男孩的两手就开始忙乱。虽然电脑评测答题的正确率都在平均水平之上，甚至部分视知觉能力正确率很高，但是上半身动个不停，成了马克上学遇到的最大问题。

马克一边操作计算机作答，一边忍不住动手将桌角的线槽孔盖拆下来，拿在手上把玩，任何新的物品都会引发好奇心从而导致不自觉动手摸的情况。幸好过于频繁的小动作没有影响他的大脑思考。马克不是理解力不好，而是较容易被外界刺激干扰而分心。减少学习时的外在干扰物品，在不妨碍别人的情况下，以轻松的方式学习效率就会更高。

动作太多的孩子进入中规中矩的学校之后，常给老师和父母造成困扰；更有学校和补习班老师还会因为这些孩子坐不住影响班上同学而处罚他们。可惜处罚无法抑制住孩子动来动去的情况，大人因此觉得孩子故意唱反调，要知道他们真的不是故意惹大人生气。

爸爸妈妈希望孩子认真学习，也经常从坐姿判断孩子是否具有积极的学习态度。事实上，坐姿不良不一定是态度不佳：当身体太累、生病或情绪状态不佳都会让人呈现有气无力的样子，也有人是生理因素而影响姿势的稳定，爸爸妈妈不可轻易错怪孩子，更不能认为做事的方法只有一种。

爸爸妈妈和老师看不惯孩子的动作太多，但是需要依赖肢体动作来学习的大有人在，所以应该允许孩子在不妨碍其他同学的地方，可以配合身体律动来背书。

72

珍惜和孩子相处的时刻

爸爸妈妈表达关爱的方式，如果不是孩子想要或必需的，对孩子而言有时候反而是一种压力和负担。

有位妈妈对自己和儿子的相处很有挫折感，因为孩子不肯让妈妈坐在旁边陪他复习功课。妈妈不忍儿子每晚读书时间太长，便认为坐在旁边陪着他才不会寂寞，可孩子常会因此生气。

妈妈说："我好心想陪他有错吗？儿子竟然觉得我在监视他。"孩子小时候是外婆照顾的，爸爸妈妈因为工作太忙无法照顾年幼的他，现在只是看他每天晚上在房间读书很辛苦，想安静地坐在旁边陪着他也不行，他会嫌妈妈很烦……

太伤妈妈的心了。

儿童心智发展的过程是渐进式的，出生后到进幼儿园之前孩子需要家人陪伴，进入团体后开始重视朋友和同学，在小学高年级之后孩子就需要隐私空间了。青少年不再喜欢陪爸爸妈妈到处走，他们希望被当成大人一样对待，过多的关心和问候反而会让他们觉得自己很幼稚、很无能。爸爸妈妈如果懂得孩子身心发展的过程，就能随着孩子成长而调整和孩子相处时的沟通方式，而不会有挫折感。

婴幼儿时期是建立亲子信赖关系的重要阶段，在多数幼儿还无法表达出完整的意思之前，爸爸妈妈常以为孩子什么都不懂而错失了与孩子相处的时间。儿童时期养成的生活习惯和成长过程中积累的经验，都是日后孩子在面对学习和做人做事时的判断依据；生活教育是靠孩子在和爸爸妈妈相处时一点一滴地吸收，而不是让孩子坐在教室听老师上课就能学会的。

对于年纪小的孩子而言，爸爸妈妈陪伴孩子不仅可以培养亲子间的默契，无形当中也传达了父母教养的价值观，到青少年时期仍然能维持亲密的互动关系，而不会发生诸如孩子觉得父母唠叨之类的亲子冲突。

陪伴是最好的教育吗

这个问题并没有标准的答案。有的孩子喜欢一个人静静地玩，有的孩子喜欢人多热闹的场合，特别喜欢和大人聊天。家有不同个性和学习风格的孩子，爸爸妈妈可以耐心观察孩子在什么样的状态下情绪最稳定、最舒适。

亲子间的亲密关系是需要花时间维护的，年纪小的孩子更需要大人陪伴，成熟独立的孩子需要独处的时间。所以，陪伴时间的长短必须由爸爸妈妈和孩子彼此沟通协调，不必和别人比较，而是依家庭互动模式调整。

73

懒妈妈也能教出棒小孩

懒妈妈也能教出棒小孩，并不是妈妈推卸养育责任的借口，而是希望家长能够放下过度的焦虑，让孩子随着年龄的增长勇于接受挑战，这样他才能成为独立坚强的个体。过去，妈妈给人的印象总是为了照顾家人和子女而辛苦操劳的女性。刻板的印象让许多女性朋友抗拒婚姻，更害怕成为母亲。一些女性朋友在生育子女之后，开始感到责任重大，害怕被别人指责没有把孩子照顾好，于是无微不至地呵护着孩子，限制了孩子自我成长的机会。

孩子最好的启蒙教育源于家庭。从孩子诞生后的第一天开始，孩子和大人相处的每一刻中他都在模仿和学习，家人的一言一行都会对孩子产生影响。婴儿需要细心的照顾，而当动作发展成熟后，爸爸妈妈就必须放手让孩子自己操作练习。唯有孩子通过视觉、听觉及各种感官经验，配合过去的认知重组整合，才能心领神会，然后才能长期保存在记忆当中。

最佳的教学方法并不是单方面的传授知识和经验，如果我们要求孩子必须仔细听、认真看还是不够的；学习者还必须通过身体力行的实际操作，尝试看看别人教过的事，等到可以融会贯通后，才能创新和改良。

教养孩子实在急不来，要先了解孩子再设法引导，这样就可以轻松教出善解人意、知书达理的孩子。勤快的妈妈必须学习装懒，必须耐住性子接受孩子练习时的不完美，让孩子自己发现不够好的部分，思考如何修正再试一次。

爸爸妈妈总会担心孩子犯错而焦虑不安，想要当个不操心的懒妈妈并不容易，通常爸爸妈妈最大的考验就是要忍受孩子因动作不够熟练而表现出的慢吞吞；当发现孩子很想做好动作却跟不上时，不能催促或讥笑他，大人必须明确引导孩子发现如何有效率地学习和游戏。教养孩子必须启发孩子的主动性，习惯接受指令动作而没有动脑思考的孩子，会渐渐失去主动探索的强烈动机。爸爸妈妈必须随着孩子长大而逐渐把父母从照顾者的角色，调整为启发孩子能力的好教练。学着放下焦虑的心情，让孩子承担长大的责任吧！

74

故事是教养的魔法棒

几乎所有的孩子都喜欢听大人讲故事，听爸爸妈妈讲故事成为许多孩子每天最期待的事。如果爸爸妈妈白天都很忙，唯有讲故事时会暂停手上的工作，给孩子讲故事的时间对亲子情感交流的帮助，更要远胜过故事内容的完整性了，因为孩子喜欢自己受关注的感觉。

儿童听大人亲口讲故事和听机器播放有声故事，两者的效果是截然不同的；爸爸妈妈通过声音、表情和肢体动作所传达的内容，对年纪小的孩子会更有帮助，因为孩子可以通过视觉和听觉获得丰富的信息。爸爸妈妈还可以依照孩子的表情掌握讲故事的节奏，所以更容易让孩子听懂。由于专人录制的有声故事多半是专业配音人员，说话的声音和音调特别明显，随着故事发展还有高潮起伏的配乐，让孩子听得入迷。有声故事丰富的听觉刺激可以给孩子很好的大脑刺激，但只有听而缺乏看见实体对象的观察对照，有时候孩子未必真正听懂其中的字词，对故事内容说了些什么不一定能真正理解。

从听故事观察孩子的需要

2岁左右的孩子特别喜欢听相同的故事，因为年幼的孩子刚开始学习新的词汇，爸爸妈妈为孩子讲述熟悉的故事是很有趣的记忆游戏。孩子喜欢听重复的故事而不想换新的，正是因为听到熟悉的关键词句会感觉特别有意思。

2~3岁是儿童语言发展最关键的时期，即便孩子还无法说出很完整的句子，大致上也会开始对认识图案或绘本感到好奇；如果孩子在爸爸妈妈讲话或讲故事时都没有正确的反应，就是一个值得大人注意的状况了。

给孩子讲故事是一种可以为孩子积累生活常识和知识的方法，然而最受欢迎的讲故事高手不会把快乐的亲子时间变为严厉说教，所以爸爸妈妈只需要保持童心，以轻松的状态和孩子谈天说地，充分发挥想象力和联想力，就可以让教养孩子变得轻松而有趣。

75

因材施教

每个孩子都有天生的优点，幸运地被人及早发现而给予适当的引导和练习机会，就可能发展出异于常人的独特能力；如果环境中缺乏资源，天才也可能被忽视而无法获得发展。所以孩子在遇到好老师之前，他的独特优点就只能靠爸爸妈妈和家人来发现了。

每个孩子与生俱来的学习风格和爸爸妈妈并不一定相同，如果爸爸妈妈和孩子学习的习惯很像，亲子互动和沟通都会很和谐；如果孩子和爸爸妈妈的习惯不同，就会让大人觉得孩子难教，爸爸妈妈有情绪时还会想：“怎么不听话呢？”爸爸妈妈应该懂得因材施教，发现每个孩子的特点，启发个人的优势，而教养也不是让爸爸妈妈依照教科书上的原则去做，更没有一套适用于所有家庭的方法。

许多妈妈想知道有经验的朋友遇上孩子的各种状况是如何处理的，特别认真的妈妈还会做笔记详细记录下来。但每个孩子都是独一无二的，请不要拿自己的孩子和别人家的孩子相比，更不宜以兄弟姊妹的表现来比较；年幼的孩子理解力是有限的，绝大多数孩子无法理解大人想借由言语刺激来激发孩子振作的好意，这样只能让他们感到自己不受重视。长期被批评反而会导致孩子用行动反抗，甚至消极排斥形成悲观心理。

学习的风格和一个人的感官敏锐度有关系，大致可分为听觉型、视觉型和体觉型三种。

听觉型的孩子喜欢通过声音来学习和记忆，背书时需要大声朗读出来；体觉型的孩子读书时会忍不住走来走去或用身体来比画；不同类型的孩子在一起学习时，可以静静坐着看书一动也不动的孩子，多半是视觉学习型的。通常文静听话的孩子比较容易受到传统型老师的喜欢，然而动来动去的孩子动作灵巧，只要用对方法学习也能取得很好的成绩，可惜体觉型的学生在过度限制下无法施展潜能，会因被大人批评而变得不爱上学。

年纪较小的孩子需要通过身体动作来辅助学习，懂得孩子特质的老师和爸爸妈妈就能容许孩子用自己比较有效率的方法来练习，也就不会因为孩子和别人不一样而造成亲子冲突了。爸爸妈妈只有懂得欣赏孩子，才能收到因材施教的效果，孩子需要在受支持的环境中学习成长，期待孩子更好，就会看到孩子越来越棒！

76

爱孩子不必谈条件

“孩子为什么没有志气呢？我跟儿子说考100分就奖励100元，他竟然还说我没诚意，真是孩子越大越不懂他在想什么，好心要奖励他也起不了任何作用。”一位爸爸觉得儿子不知好歹，为孩子不求上进而抱怨不已。

“其实这孩子也不笨，考试都会及格的，平常考试也在80分上下，我想用奖金让他更认真一点，不对吗？”

教导孩子重视自己的学习成果是对的，但是考试成绩好坏不仅呈现孩子的学习态度，也检验出孩子学习中的问题。若孩子在某个单元没有完全理解，而大人未针对孩子还不懂的地方补强，就算设立很诱人的奖励，孩子也提不起兴致。

孩子会为了争取得到礼物而向大人讨价还价；如果爸爸妈妈把目标设得太高而很难达到，孩子就宁可放弃了。

爸爸妈妈为鼓励孩子帮忙做家务或考试成绩更好，常会设立奖金来鼓励孩子，这种条件交换的教养方式并不适合经常使用。

经常利用物质奖励的方式鼓励孩子潜藏风险，因为人们有物以稀为贵的心理，当孩子觉得物质奖励的价值感减低之后，再多的玩具或奖金也会失去吸引力。这种依赖别人奖励才能达成目标的方式，无法培养出自动自发的主动学习意愿和责任感，一旦外在条件失去之后就失去了激励的作用。

爱孩子就不必和孩子谈条件，但我们要让孩子明白自己的责任是什么。孩子学会走路之后活动的范围就变大了，接触的人也会越来越多。随着儿童心智发展愈来愈成熟，我们就必须设法使孩子从一个只能被别人照顾的人，转变成为能够关心别人的人。孩子如果能够做好自己的本分或主动帮助别人都值得鼓励。爸爸妈妈只需要用一个肯定的微笑、热情拥抱，讲一句称赞支持的话语，都能让孩子重复好的行为，也能激发孩子向上的动机。

不需要用物质交换爱，让孩子知道自己的努力被看见就是最好的肯定。

77

教养无处不在

爸爸妈妈都会期望自己的孩子长大后成为优秀的人才，为了孩子能进入好学校而购买重点学校的学区房，到处打听孩子几岁要学什么才艺，唯恐错过了孩子成长的黄金期。

“我的孩子已经6岁了，学校老师常常说她动作慢，是不是没救了？我想也算了，健康快乐就好，其实我们也不会期望太多。”一位妈妈发现女儿学习跟不上后特意辞掉工作，她想教好孩子，可对孩子无法记住教过的事情常会忍不住发脾气。

成长和学习是一辈子的事

心与脑是掌控人类生存的关键，活着就有学习进步的机会，对反应较慢的孩子也不用失望，只要用对方法、善加引导就能进步，而生活当中随时随地可以教，到处都可以是孩子学习的教室。教导孩子善用视觉、听觉、触觉来认识周遭的人、事、物，培养孩子对环境充满热情，保持探索发掘的好奇心，这是一切学习的基础。若具备这些能力，即使起步稍晚，孩子仍然可以学习并获得进步，我们不能在言语上表现出对孩子失望，更不该让孩子轻易放弃努力。

当孩子尚在幼儿时期，很多爸爸妈妈主张让孩子快乐就好。事实上，真正的快乐必须建立在和谐舒适的感受上，若孩子身处团体当中听不懂或跟不上同伴时，便可能产生失落感，所以锻炼孩子的运动能力和动手能力便相当重要。若想让孩子观察敏锐、身手灵巧，就不是让孩子坐在教室内听老师上课所能轻易获得的。

如果父母想通了这些道理，自然就不会担心孩子能否挤进名校，每个孩子都能在生活中学习到宝贵的经验。学习，没有界线；教养，无处不在。

教养孩子不必焦虑地把孩子隔绝在安全的环境当中，而是要教孩子具有明辨是非的判断能力：看到好的行为要学习模仿，看到不好的行为就要吸取教训避免重蹈覆辙。有些家长希望孩子在最好的名校就读，是为了不让孩子学坏，但是在孩子还不能够准确区分好坏之前，家人的言行举止就要更具体地给孩子做出好的示范。

第 5 章

培养孩子优秀品质
——父母要懂的教养关键

78

教孩子比IQ更重要的事

IQ（Intelligence Quotient）是智力商数的简称。很多人以为IQ高就表示孩子聪明，将来学习会比较好；然而事实并非如此，因为参与IQ测验得分高的孩子，并不一定在学校参加考试时每次都能得到最高分数，特别是心智年龄较小而对于为什么要考试还弄不清楚的孩子更是如此。

培养生活力

大脑懂得很多知识，假如无法妥善运用，即使在IQ测验时获得高分也没有实质意义。让孩子受教育的最终目标，无非是希望孩子成年后可以拥有更好的生活，所以成绩单上的分数不能成为孩子唯一的任务，能够在生活上具备独立思考、创造力和应变能力，相对就更为重要。

孩子求学过程的不同阶段会遇到不同的老师，每个阶段的老师对孩子都会产生重要影响，但主要是将专业领域相关的知识传授给孩子。而影响孩子终身的人很可能是幼儿时期的照顾者，爸爸妈妈就是帮助孩子把所有常识和知识融入生活当中最直接的示范者，由此可见家庭教育的重要性。

运用多重感官学习活化大脑

爸爸妈妈在孩子进入小学之前，有三个方向必须关注：一是孩子能看懂、二是孩子能听懂、三是孩子能做好。让孩子无论在家还是在外面都可以表现出耳聪目明、动作反应敏捷的自信状态，而不是只有在某处很好，在其他地方就为所欲为。

我们要关注儿童的身体动作发展，通过孩子的行为表现客观得知他还无法说清楚的感受，为孩子提供最需要的资源和帮助。给孩子过多的宠爱如同过剩的营养品，强迫孩子吃下无法消化的食物会造成胃肠道消化不良，帮助过多就会减少孩子动手和动脑的练习经验，也会影响大脑反应的灵活性，间接养成孩子被动、冷漠和凡事无所谓的态度。

不同家庭文化对孩子的期望值不同，教孩子比IQ更重要的事必须随孩子年龄增长而设定短期目标。爸爸妈妈要支持自己的孩子：给起步较慢的孩子加油打气、让冲劲十足的孩子学会看清方向才能保护自己。总之，许多无法具体数字量化的做人做事方法，都是比IQ更重要的事。

79

如何培养高EQ的孩子

EQ（Emotional Quotient）是情绪商数的简称，如果孩子爱生气、不懂得如何交朋友，则会被别人认为EQ不高、任性而不够成熟等。情绪商数能通过指导而改善，而父母和孩子都需要学习。

一个孩子在团体中会显露出烦躁不安的样子，并不能简单以这个孩子容易紧张来看待。有些孩子天生在触觉、味觉和嗅觉都偏于敏感，对于环境中任何微小的改变，都会在别人察觉之前就先感受到，他们说不清楚哪儿不舒服，大人只能看到孩子经常坐立不安。

当孩子有防御性打人或拒绝别人接近的动作出现，多半也是为了保护自己；可是不明就里的大人会以为孩子不听话或难相处，然后断然说孩子的EQ不高，实在是误解了无法说清楚的孩子呀！

想培养出孩子的高EQ并不难，但也不能心急求快；按照孩子的心智发展来调整亲子互动的方式，在孩子进小学前需要大量的体能训练，各种感觉刺激对大脑发育的成熟稳定度很有关系。当孩子想做什么动作都能迅速达成时，就会对自己更有信心。

适当压力能产生抗压性

从前吃过苦的爸爸妈妈，主张让孩子轻松一点儿，他们不希望孩子像自己一样辛苦，所以把最好的物质享受留给孩子，自己却舍不得半点浪费。然而事实上孩子必须通过修正错误才能积累经验。让孩子亲身经历做错再修正的过程，才是符合孩子需求的学习方法。

幼儿的大脑如同一台新计算机，任何新的事物包括语言、情绪理解能力都需要输入足够的经验，遇到相同或类似状况时才能在记忆数据库中找到解决方法。如果大人总是帮助太多，孩子的大脑中没有足够的经验可以正确判断，万一遇到突发事件当然也就只能无助地流泪。

无论是运动还是益智性的游戏都要先了解游戏状况、记住游戏规则，再设法达到目标，在游戏的过程中也会经历各种情绪起伏的过程；因此能够玩出乐趣的孩子，EQ能力就在玩乐中不知不觉地进步了。

80

让孩子做自己

“为什么孩子很固执，总是不听大人教的话？”“怎么说孩子都不听，我们为他好难道错了吗？”焦急的爸爸妈妈担心孩子犯错吃亏，总想预先做好万全准备让孩子避免吃亏上当；如果遇上不肯完全顺从的孩子，亲子之间就会出现争执。

大人常以自己接受的教养观念和过往经验来教育下一代，而很少有人发现孩子和爸妈的天生优势可能存在相当大的差异。随着时代进步，社会环境和孩子成长接触的信息也大不相同，我们无法预测未来20年的改变，所以要培养孩子勇于做自己、对自己有信心，未来才能够从容面对新挑战。

天才是先天和环境交互作用的结果

喜欢绘画的孩子拿到笔就停不下来，喜欢音乐的孩子独处时会忍不住唱起歌来……做点有意义的事情不行吗？通常孩子专注投入某项非正规学习科目的时候，多数爸爸妈妈会担心孩子太投入耽误课业学习而打断他们。其实优秀的人才，不是一朝一夕就突然学会的，熟能生巧、精益求精。若对某项学习感兴趣，孩子也能不怕困难想办法达到自己的目标。

每个孩子都有自己的优势，能被早期发现而接受适当引导的孩子，更容易练就比其他人更好的专长，爸爸妈妈必须慧眼独具才能看见孩子的优点，鼓励孩子发挥创意和想象力。

关心孩子成长的步调

其实孩子的兴趣、喜好与天生的感官优势有关，更和成长环境中接受的经验值多少有关联。孩子喜欢的不一定能做好，爸爸妈妈需要仔细评估孩子身心发展的进度，帮助孩子施展才能。

举例来说，爱唱歌的孩子对音感的领悟力强，但孩子并不见得在视觉、身体协调等综合性能力方面也和听觉一样发展超强。孩子想学琴，但手指无法完成规定的动作反而会使孩子失去信心，强迫孩子练习就不如先让孩子通过运动来增强体力。

总之，让孩子做自己是尊重孩子成长的步调，并非完全不管，孩子在成长的过程中会经历各种突发状况，父母有责任给孩子指引一条明确的道路，至于如何到达目的地，请相信孩子有能力找到方法。

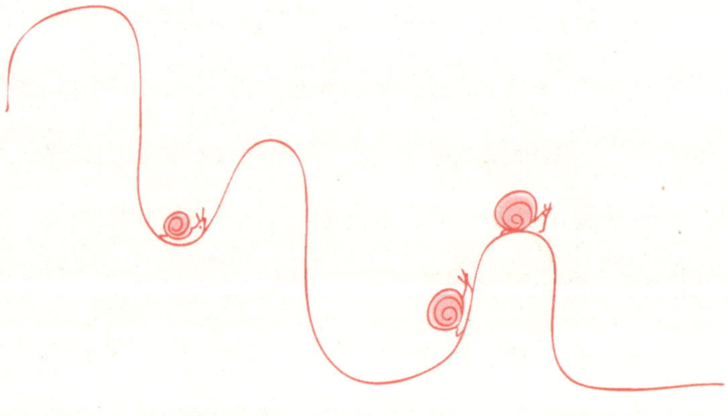

81

怎么培养孩子良好的气质

人们会用“高贵大方”“温文儒雅”等词语来形容一个人气质很好，气质到底是什么呢？气质包含了由内到外的人格特质，无论是无形的内在知识涵养还是外表的言行举止，都需要长期的修炼。如果想培养孩子良好的气质，就必须从小教导孩子在意自己给别人留下的形象，待人处事要宽容大度，还要具备良好的沟通表达能力，因此，培养气质可以说是生活教育，更是文化的熏陶。

成长中的孩子处于可塑性最佳的阶段，生活环境中看到、听到和接触到的事物都是模仿学习的对象。若期待孩子具备高尚的情操与气质，大人必须先作出良好的示范，从孩子学说话开始教导他用合适的声调说话，更要教导他大方地与别人互动交谈，包括举手投足及说话表情都需要引导，才不会出现急躁失礼的举动。文化和美学的教育是日积月累而成的，无法用金钱换来，一个拥有自信的人也会散发出令人尊重的高贵气质。

当爸爸妈妈发现孩子偶尔有失控的表现时，请先以包容的心态来接纳，不要严格限制孩子主动探索的想法；若过度压抑孩子会失去尝试新事物的动机，从而变得被动，并失去自我主张。

培养孩子具有良好的气质，无法一蹴而就。爸爸妈妈必须理解幼儿的大脑发育还不够成熟理智，有时无法完全克制冲动。即便孩子已经知道大人立下的规定，但无论在生理和心理上都需要丰富的感觉经验，孩子出于好奇心经常会想动手试一试；孩子也会因为情绪失控而出现不满意就哭闹的情况，当孩子出现这种情况时，爸爸妈妈必须冷静，要先懂孩子，才能使用正确的方法引导孩子做出适当的行为。

小贴士

培养具有良好气质的孩子

1.能按外出场合的不同而挑选合适的衣服，配合作适当的打扮。

2.有良好的个人卫生习惯。

3.可以安静等待片刻而不急躁。

4.能与家人一起在餐桌吃饭聊天，不会乱跑或只顾低头玩手机。

5.在公众场所能够轻声细语，不大声喧哗。

6.能细心发现别人的需要，并且愿意帮助别人。

7.可以控制冲动的行为，不会出现粗鲁的动作或语言。

8.能用说话的方式表达自己的需求。

9.能判断是非，能够记住大人的规定并且遵守。

10.遇到困难冷静处理，不会慌乱或任意发脾气。

82

培养孩子良好的沟通能力

爸爸妈妈常会为内向不爱说话的孩子着急，担心不主动说话的孩子长大可能会吃亏。

其实，安静少话的孩子也不一定就是不善于沟通，有些孩子在陌生环境会显得保守内向，在熟悉的家人和朋友面前就能说话流利，因场合不同而有两极化表现的孩子容易紧张，所以爸爸妈妈要给不善于在公共场合说话的孩子更多时间调整心情，避免过度地强迫孩子要表现出在家的样子，否则孩子可能会以不同的理由拒绝参加社交活动。

沟通表达的能力需要临场经验和反复练习

从小会说话又善于沟通的孩子人缘很好，可以主动和大人说话的孩子，有时让大人不知不觉会给他较好的待遇。爱说话的孩子若说话的时间不对或话太多而停不下来，也会引起不必要的误会。所以孩子表达能力的过与不及都需要大人适当的指导。

大部分的小宝宝在1周岁前，就能用手势动作来表达意思，比如对大人招手表示要他走过来、挥手就表示不可以……人与人的沟通包括肢体语言、脸部表情、声音、语言、文字或图案等，孩子必须能够看懂并且能和他人交流、互动，才算是一个善于沟通的人。

我们要让孩子习惯说“请”“谢谢”“对不起”，习惯使用尊称和感谢的方式说话，孩子在与他人沟通时，就能够显得有礼貌而受到欢迎。反之，若孩子平时和大人相处时间比较多，习惯听命令式的指令，学到的沟通口吻可能会强硬而直接，遇上和年龄相近的孩子一起玩就容易产生冲突，主要原因是其他小朋友也有自己的想法，无法像家人一样配合。

随着孩子年龄增长，沟通能力就越来越重要。在孩子由家庭进入团体学习的成长过程中，心智发展会由一开始的只重视自己，逐渐进步到可以关心别人。举例来说，会走路的孩子看到有人跌倒受伤会用手拍拍跌倒的人表示安慰，看到别人流泪了会拿纸巾过来，这些看似不起眼的小动作表示孩子已经具备同理心，这也就是教导孩子和别人沟通的最佳时机，而这种人与人的沟通学习，并不需要等到孩子学会说话之后才开始。

让孩子和小朋友一起玩是沟通练习最好的方式，即使孩子们会吵架或发生争执也是学习沟通的机会，游戏的经验有助于沟通表达。培养孩子的沟通能力，孩子更需要玩伴而非语言训练师。

83

怎样提升孩子的创造力

创造力并非无中生有或凭空想象。从我们的生活中可以发现，能够受人喜欢的创新发明，其共同特点就是可以让人产生比较好的感受，例如，能使人们生活更便利，使用的材料更环保、更经济等。所以创新的产生有比较的基础，发明家或艺术家都不是凭空而来的，他们有高人一等的观察力和联想力，才能有异于常人的想法和创举。

有创造力的孩子很小就会出现想和别人不一样的特质，而爸爸妈妈是否能接受孩子和别人不太相同呢？对于大多数家长而言，支持孩子的与众不同，并不容易做到。

创造力和智力的发展息息相关，举例来说，遇到相同的一件事物，有人很快能看懂，可以快速联想和比较分析，接着能够产生创新的想法，还会说出想要如何改进，并且付诸行动……这一过程并非空谈。所以只有外表聪明或能言善辩是远远不够的，必须拥有良好的执行力，才能让创造力发挥真正的价值。

由此可见，培养孩子的创造力就必须是能力的全面提升，孩子可以通过游戏来学习，主要原因是游戏时孩子的头脑必须灵活，孩子会自发性地进行比较、分类、排序等思考，而这些是锻炼逻辑思维让大脑活化起来的良性刺激。所以缺乏动脑或动手操作经验的孩子，就欠缺用于比较的基础常识和判断依据，遇到突发状况时，自然无法在很短时间内表现出最好的创造力和应变能力。

小贴士

提升孩子创造力的6大秘诀

1.积累生活常识，让孩子对生活中常见的事物有基本认识。
2.通过旅行或生活体验，让孩子对大自然变化有敏锐的观察力。
3.鼓励孩子运用不同的材料进行绘画、手工等活动。
4.让孩子充分表达自己的想法。
5.养成阅读的习惯。
6.欣赏不同类型的艺术或音乐，不过早加入大人的喜好或批判。

84

教出自信且有教养的孩子

多数人都认为自信的人表达能力好，言谈举止中显现出让他人崇拜和羡慕的特质。自信除了让自己的感觉良好外，也要具有足以让他人信服和欣赏的吸引力。

自信而有教养的人在待人接物时，并不会给旁人造成压力，肢体语言、说话的表情和声音高低起伏的调整变化都能掌握分寸，他们更能细心体察别人的感受，让人心悦诚服。

爸爸妈妈想教出自信的孩子就必须懂得，真正的自信心缘于孩子对自我的认识。首先孩子必须从心底觉得自己很棒，就算孩子遇到以前从来没有做过的事情，也能从容地告诉老师：“这个我还不会，但是我可以试一试……”

培养孩子具有乐观的思考习惯是日积月累而来的，爸爸妈妈如果观察到孩子好的行为，就要具体地指出并表扬，当孩子听见大人称赞会产生成就感，而内心小小的成就感就能促使孩子更加努力练习，当孩子熟能生巧之后自信心也就增强了。

在保护过度的照顾下，孩子会逐渐怀疑自己的能力。如果有大人帮忙何必自己动手呢？做不好又会被骂不如等着吧……于是越来越多的孩子经常脱口大叫：“我不会！”接着就出现呆滞的无奈表情……

孩子在等待爸爸妈妈或老师出手帮忙，若大人没有及时引导孩子自己想办法，孩子就会干脆不玩了。

难道孩子真的还小，什么都不会吗？事实上，孩子具有无与伦比的潜力，学习模仿能力更是超过大人的想象。聪明而不想动脑筋的孩子在有经验的老师面前就很少会喊累，更有不少在老师和同学眼中是模范生的小朋友，他们是学校老师称赞的好帮手，但是放学回到家就自动失去动手的能力。

由此可见，孩子的能力和内在自信也跟外在环境相关，孩子的自信心是外在环境和接触的人激发出来的；若大人协助过多或警告太多，都可能打击孩子想要练习的欲望和动机，爸爸妈妈必须留意是否因为爱孩子、担心孩子太小而忽略了孩子的潜能，溺爱可能会让孩子原本具备的能力慢慢消失。自信而有教养的孩子，在任何不同的场合都能保持自信而充满热情，家庭教育对孩子的影响长期而深远，爸爸妈妈要先懂孩子再懂教。

85

帮孩子建立信心

许多爸爸妈妈经常给孩子赞美和鼓励，希望以此增强孩子的自信心。爸爸妈妈还会不忍心给孩子压力而采取尊重孩子选择的教养方式。即使爸爸妈妈经常鼓励孩子，却仍有一些孩子始终不敢自己作决定，做事情也不如家长期望的主动积极……

“为什么孩子缺乏信心呢？”经验不足的孩子需要模仿和练习，直到确定自己有把握可以做好，才能产生足够强大的自信心。所以大人必须细心观察，孩子在面对问题时是否知道该如何处理。当孩子应变能力还不足时，爸爸妈妈就要先提升孩子基本的能力，而不要马上责怪孩子胆小、依赖。

当孩子感觉不知所措时，只凭口头上的鼓励依然无法提供帮助，因为处于发育中的孩子在体力、理解程度和情绪调节等方面的能力都不够成熟，遇到陌生的情况会感到焦虑紧张，所以，最好的引导方式并不是一再催促孩子动作快，或告知其别害怕；大人必须给予孩子明确的指导。如果着急的爸爸妈妈问孩子：“你为什么不会呢？”这样只会增加孩子的压力。因为孩子不懂该怎么做，当然也就无法回答爸爸妈妈自己为何做不好了。

空洞的赞美或激将法都无法增强孩子的信心，如果日积月累，反而可能造成孩子误解。当孩子开始产生“我就是不行，不会又怎么样”等消极抵抗的念头时，他往往会选择放弃，而家长还无从得知原因。

成功的经验可以增添信心

让孩子获得成功的经验可以增强他们的信心，当孩子学会走路大人会欢呼鼓励，可是随着孩子年龄越来越大，要练习的事情更多，得到的赞美却变少了。平心而论，任何学习和学走路一样，对孩子而言也都是全新的挑战；可是爸爸妈妈的期望值太高了，孩子无法一次就学好，也无法很快作出和大人一样水平的动作或反应，所以只要孩子愿意尝试新事物就要鼓励。

如果孩子喜欢帮助别人，就可鼓励孩子帮家人整理东西、做家务，通过简单的活动让孩子获得成就感，就可以让孩子增强信心了。有信心的孩子能够保持学习的好奇心和强烈动机，即使遇到困难也不会轻易放弃。

86

提升受挫孩子的自信心

挫折感是一种复杂的情绪，通常是因为一直达不到想要的目标，才会产生挫折感。孩子无法达成期望的原因很多，虽然有可能是外在因素造成，但如果孩子想让自己做得更好而一再失败，便可能逐渐失去信心。从小培养孩子的自信是很重要的，因为自信的孩子更有学习新事物的热情和勇气。

大人常用拍手来称赞小宝宝，婴幼儿也会因为别人的赞美而一再重复相同的举动。经常受到关注的孩子会因此产生信心，即便是不够熟练也会因为大人鼓励而修正自己的动作直到更好为止。

人们经常会通过脸部表情和肢体语言来传达情绪，而情绪具有很大的感染力，当孩子受挫时，爸爸妈妈若能给孩子坚定的拥抱，往往可以给孩子内心强大的安慰和能量。

孩子因为做不好而受挫折时，最需要家人给予正面激励，给孩子最好的鼓励并不是物质上的奖赏，而是让孩子能发自内心地想要再试一次。但除了心理层次的支持以外，爸爸妈妈也要进一步了解孩子为何无法做得更好，若孩子在生理方面的发展跟不上同龄孩子，他在动作、言语或学习上都可能会达不到自己默认的目标，一次又一次做不好，便会感觉受挫而失去信心。

由此可见，必须让孩子先得到成功的经验，才能激发孩子想再玩一次的动机。爸爸妈妈和孩子一起做游戏或安排学习时，要为孩子设定一个稍微努力便可达成的目标，先让孩子得到完成任务的喜悦感，接着他才有再试一次的欲望。

给孩子明确的提示

爸妈看见孩子做不好时，有时候会用不可思议的表情问孩子：“你怎么了？”“为什么做不好？”大部分的孩子根本无法回答自己为什么做不到。而爸爸妈妈疑惑的样子，很有可能让不知所措的孩子对自己的能力产生怀疑而更失去信心。

如果发现孩子对某件事产生了挫折感，建议爸爸妈妈给孩子明确的提示。如果孩子仍然不能理解，爸爸妈妈应再配合动作示范，让孩子通过模仿学会更好的方法和技巧，以便于重新面对挫折，从头再试一次。

87

让孩子学会面对挫折

以前，爸爸妈妈总会教导孩子要吃苦耐劳，许多生活在艰苦环境中的孩子，为了生存就必须学会良好的应变能力，即使遇到挫折，也必须打起精神振作起来，所以更能练就越挫越勇的斗志和扎实的基本功。

在当今的现代都市中，孩子很少有机会感受过去年代的艰苦生活。孩子从出生后就成为全家人呵护的对象，大人舍不得孩子动手做，更无法忍受孩子流眼泪，还有妈妈担心孩子被别人欺负而产生心理压力，采取周密的保护措施和干预孩子交朋友的方式，来避免孩子受委屈。

长期缺乏受挫经验的孩子会失去自我保护的生存本能，

大人必须重新思考教养的方法，给孩子的爱的养分当中到底缺少了什么，才造成了孩子的成长不够均衡呢?

孩子开始学走路时会跌倒，大人无论如何也不能保证孩子不受伤，所以我们需要培养孩子良好的自我保护能力，如同跌倒后可以站起来一样，让孩子学会在遇到挫折后能很快地调整心情，重新振作精神并冷静思考如何继续面对问题。无论是独自玩游戏还是参加团队活动，孩子在单调的练习过程中都无法保证完全顺利，因此，在孩子遇到困难而流泪时，爸爸妈妈必须及时给孩子坚定的信心和支持，给处于困惑中的孩子更具体、更明确的指引，而不是在一旁对孩子大声强调必须更勇敢。

在我们的成长过程中，自我要求比较高的人会因为自己做不好而懊恼生气，挫折感是一种正常的情绪反应，所以无须压抑孩子的情绪而告诉孩子不可以哭。我们必须学习了解自己的情绪状态，接纳自己的真实感受，然后想办法让自己更好；爸爸妈妈在陪伴孩子成长的过程中同样也会经历挫折，因此大人和孩子都要练习以平常心看待不如意的状况，勇敢地接受更多新的挑战，我们才能越来越棒!

小贴士

当孩子遇到挫折时，爸爸妈妈怎么做

1.先同理孩子的挫折感。例如跟他说：“我知道你现在心情不好，想不想说一下？”

2.想一想游戏过程中有什么好玩的地方，引导孩子发现乐趣，不要把错误全部推到他人身上。

3.设法先转移低落的情绪，让孩子激动的情绪冷静下来。

4.找适当的时间通过讲故事的方法进行机会教育。

88

培养孩子勇气，爸爸妈妈要小心的误区

一次，我路过商场中人头攒动的游乐设备时，突然发现在两米高的悬挂式游乐设备上方，竟然有一位身材较小的孩子站在高处犹豫不前……显然，小女孩走进一个超出能力范围的危险游乐设施当中，陪同的爸爸妈妈并没有事先评估活动内容是否适合自己的孩子；小女孩吃力地走过一个关卡之后，果然无法继续前进了，小臂力量和平衡能力根本无法负担，更别说是站在爸妈无法伸手触及的高度上。孩子吓得全身发抖时，游乐场的安全人员从后面设法走到小女孩身边，无奈通道窄小，小女孩后面还有一个更小的男孩，一时无法让女孩从后面下来，小女孩的爸爸妈妈只能着急地高举双

手，站在女孩站的下方大喊："不要怕，你就勇敢一点儿跨过去呀！"大人和小孩急成一团，直到另一位安全人员设法把小女孩从高处解救下来。

类似的游乐设施越来越多，标榜着可以锻炼孩子的勇气和毅力，可是为何没有限制参与的年龄和体能呢？真叫人不禁为受惊吓的孩子捏把冷汗。

孩子对高度和速度的判断能力与前庭系统的感觉反应程度有关系，前庭反应不足的孩子特别喜欢挑战站在高处的感觉，也喜欢跳跃或转个不停。但是在身体动作协调和肌肉耐力还不足的情况下，贸然让孩子参与超龄的活动是不恰当的，即便做了安全防护措施还是要避免，因为让孩子处于无法掌握的情况下，受到高度的身心压力反而会导致产生深刻的恐惧感。

让孩子参加超出体能范围的游戏是有风险的，大人常常误以为活动量大的孩子就是胆子大；因为不希望孩子胆子小，所以就用言语刺激孩子。事实上，光凭语言的鼓励并不能真正达到激励效果，孩子必须有足够信心才能有勇气；如果孩子不能正确判断危险性而贸然行事，就是有勇无谋的冲动行为了。想培养孩子的勇气并不是强迫孩子去做超出能力范围的事情，爸爸妈妈必须先了解孩子能做什么，才能按照孩子身心发展的程度而提供适当的游戏活动。在鼓励孩子更勇敢之前，请慎重评估孩子的体能状况，活动时间、强度都要专业的评估把关。

89

如何让孩子勇于接受挑战

能够把握先机、勇敢接受挑战的人并不多。遇到挑战时，孩子会说："不要……那个不好玩。"大人则说："我不做没把握的事！"尽管大人和孩子的说法不太一样，但都是想安于现状。多数人对未知的事情总会采取旁观的态度，人们之所以害怕冒风险，是因为不想失败。因此解决问题的能力源于自信。

让孩子增长知识可以减少对未知事件的恐惧和排斥心理，所以我们要让孩子勇于接受挑战，不只是锻炼体能和耐力，同时必须提升孩子的基本常识，不能做个有勇无谋的盲从者。

心智和体能发展不均衡会造成孩子未来的学习困扰，如果一心想做好，可是动作反应跟不上大脑的思考，也会造成很大的挫折感。活动空间较小的都市孩子，更需要养成固定的运动习惯，动作反应灵巧的孩子才能玩得起劲儿。

遇到挫折时需要别人的鼓励，如果家人在孩子尚未练习时就心疼喊累，日子一长，孩子就会失去挑战新事物的勇气。对于动作反应较慢的孩子在做游戏时，必须先评估身体动作发展的状况，提升环境的适应能力，绝对要比强迫孩子做魔鬼式训练更好。

充实知识，挑战未知的恐惧

如果孩子怕生，要多鼓励，孩子在参加活动前最好先作预告，针对地点、交通方式或活动过程和孩子预先讨论，爸爸妈妈有责任为孩子做最好的选择，不建议大人凡事询问年纪太小的孩子要不要参加，因为他们对不曾亲身经历的事情，没有正确的判断能力。

孩子在紧张时情绪混乱会影响理智的判断，大人只需确保孩子充满热情就够了。发现孩子因无法达成目标而急躁时，爸爸妈妈更要表现出冷静的态度，调节情绪是需要练习的，要避免经常在孩子面前抱怨，多说积极语言，用实际行动接受新事物。如果爸爸妈妈遇到任何事情都觉得新鲜有趣，孩子也会受到热情的感染。

因此建议大人在鼓励孩子接受挑战之前，最好能够客观评估孩子的身体动作、心智发展及情绪等整体状态是否已经具备基本的能力，先设定有一点难度而非怎么努力也达不到的目标，孩子在获得成就感之后，才能继续朝更高的难度挑战。

90

培养孩子的主动性、独立性

健康的婴幼儿都具有探索环境的好奇心，最早的自发性学习大约在半岁左右就会出现，例如，刚学会伸手抓握的宝宝拿到东西就想放嘴里咬，刚学会走路的宝宝会模仿大人的举动……很可惜孩子出现主动学习的动作时，照顾者不一定懂得把握孩子学习力最强的时机并给予练习的机会。大人可能因为过度爱护而限制孩子自动自发的举动，从而错过最佳的引导时机。

孩子在还不会说话时，就会出现想要自己动手的举动，照顾者必须忍耐孩子的动作还不够熟练，在练习自己吃东西、穿脱衣服等小事情上需要比较长的时间。在孩子最想自己行动的1~3岁时，如果家长给予的帮助过多，孩子在进入幼儿园之后出现生活自理能力不足的概率就大大增加了。

孩子的独立性必须从小开始培养，在孩子独自练习时不要太快插手，在发现孩子完成简单的任务之后公开的表扬，孩子获得赞美就会更勤快，还会主动地询问大人：“有什么可以帮忙？”

大人见到孩子可爱的模样，往往很难做到等待而不去帮助他们，但是根据统计发现，从小被照顾得越是周到，孩子就会越被动。爸爸妈妈习惯给予太多指令和安排，孩子就会凡事等待而缺乏思考和计划的能力。真是值得大家警惕的教养误区啊！

爸爸妈妈对子女的关爱总有些矛盾又复杂的心情，家中有乖巧听话的孩子，爸爸妈妈可能会担心孩子缺少主动性；遇到孩子有主见和想法，大人也会担心小孩是否太主观。希望孩子有主动性、独立性，就必须放手让孩子在错误中学习成长。

小贴士

上小学前，教会孩子有主动性、独立性

◆教孩子做简单的家务，不需要任何交换条件（每天自己整理玩具和房间）。

◆让孩子知道必须完成自己的任务（用完的东西要放回原处）。

◆制造机会让孩子为家人和朋友服务（吃饭前帮忙准备餐具，为客人倒水）。